北京民俗论丛

第三辑

北京民俗博物馆　编

學苑出版社

卷 首 语

作为阐释并传播文物三大价值——历史、科学与艺术价值的重要工具和阵地，博物馆面临着如何让这些价值为公众所认知和接受的重大命题。如果说博物馆收藏一件物品本身就是一种价值取向和专业评判的选择，那么民俗类博物馆的收藏、展览、研究，无一不在拾取散落在大众眼前、身后乃至世界的角角落落里的文明的碎片。北京民俗博物馆作为《北京民俗论丛》的主办单位，不仅关注对文物等物证价值的挖掘，力图将它们的历史、科学与艺术价值呈现出来，将人类生存及其环境物证“证”给读者看，同时，我们也在努力探究物的归宿、追索人和生活的起点与脉络：我们是谁，我们生活在怎样的环境中，我们怎样生活，我们为什么这样生活。

本期《北京民俗论丛》所载之文，既有前辈学者多年研究的力作，也有学界新人的初次发声，我们很荣幸地以“民俗文物文献研究”、“博物馆理论与实践”、“节俗专题研究”、“北京史地与民俗”、“东岳庙研究”等主题，为读者们一一呈上，以飨四方之友。其中，“节俗专题研究”受到了中国民俗学会的大力支持，本刊特此致谢；“民俗文物文献研究”与“东岳庙研究”则是本刊长期坚持的特色栏目，而我们希望，终有一天可以有更多的人重视民俗文物与文献，穿越色彩和造型，还原古人的匠心与神技，用更多的研究论文让我们得以感受炎黄春秋跨越千年的呼吸和心跳。

法国作家雨果说：“历史是什么？是过去传到将来的回声，是将来对过去的反映。”——作者还原，我们记载，读者见证，这将是《北京民俗论丛》不变的发刊之旨。

目 录

民俗文物文献研究

博物馆理论与实践

节俗专题研究

北京史地与民俗

东岳庙研究

本馆芹献

附录

敦煌西王母神话的非遗传播与《周易》

高国藩

在敦煌莫高窟的壁画中，祭祀西王母的壁画最引人注目。远在新中国成立之初，北京的中央美术学院及华东分院师生11人组成艺术考察队，于1954年在敦煌莫高窟进行了三个月的考察和临摹。最后由叶浅予教授作序，编成《敦煌壁画临本选集》，此选集里就选入隋朝西王母壁画，见右图。

西王母　莫高窟423窟 隋 邓白临摹[1]

20世纪50年代，我国学术界的精英，不独郭沫若，还有陈梦家、吴晗等都是研究西王母神话的行家里手。西王母原与黄帝一起是我国西部古羌戎的部落首领。在殷墟甲骨文里已有她的存在，后又成为道教之女神，被尊称为华夏母亲。华夏母亲西王母女性文化内涵，

[作者简介] 高国藩，南京大学文学院教授，博士生导师，南京大学中国语言文学博士后科研流动站合作导师。

1 中央美术学院暨华东分院敦煌艺术考察队．敦煌壁画临本选集：第七幅[M]. 北京：朝花美术出版社，1957.

如果有《周易》哲学思维的勾勒方更能看出其中之奥妙。本文先从商周祭祀论证华夏母亲，然后运用《周易》哲理，以考古和古典文献加以综合，并以《周易》卦辞归纳出西王母女性文化内涵的内容。

一、商周祭祀中的华夏母亲

东母西母卜辞　《殷墟书契后编》民国五年（1916）三月影印本

华夏原指中国，而西王母最早在殷墟甲骨文中已经发现有“西母”一词，故云西王母是华夏母亲。作为新月派诗人的陈梦家同时也是一位考古学家。他在1936年《燕京学报》第十九期发表《古文字中之商周祭祀》论文，论证西王母在甲骨文中的存在。罗振玉《殷墟书契后编》上二八－五图，公布《东母西母卜辞》。此卜辞证明西王母最早出现时是作为中国母亲的代表。见左卜辞原件图。

下面一段有“壬申卜贞：于东母、西母，若”。谁也不会怀疑“西母”就是“西王母”。在我国古典文献中，对西王母亦有称为“西母”者。晋傅玄《正都赋》云：“东父翳青盖而遐望，西母使三足之灵禽。”[1] 唐李贺《马诗》之七云：“西母酒将阑，东王饭已干。”[2] 宋张元幹《好事近》词云：“西母醉中微笑，看蟠桃初结。”[3] 足见甲骨文中的“西母”就是西王母无疑焉。

东母西母在甲骨文中同时出现，说明中国原始时代是母系制度。在商朝奴隶社会时期已经有东母西母祭祀占卜巫术的存在。而商朝以后，东母已经失传和已经衍化成另一支神话系统，只有西王母神话系统独存，因此，西王母就成为甲骨文中母亲的唯一代表。

又由于甲骨文在河南安阳的殷墟出土，地处中原地区；而“华夏”一词原本就指的是我国中原地区，孔颖达《尚书正义》卷第十一《周书·武成》云：“华

1（晋）傅玄．傅鹑觚集：卷之一，正都赋[M]// 续修四库全书·七十二家集·傅鹑觚集：集部总集类[G]. 上海：上海古籍出版社，影印版，第1584册，2003:373.

2（唐）李贺．马诗二十三首[M]// 全唐诗：卷三百九十一，李贺二[G]. 北京：中华书局，第十二册，1960：4404.

3（宋）张元幹词：好事近[M]// 唐圭璋．全宋词：第二册[G]. 北京：中华书局，1965:1092.

夏蛮貊，罔不率俾。”[1]

这里，华夏指中原国家。孔安国注云："冕服采章曰华，大国曰夏，及四夷皆相率而使，奉天成命。”[2] 孔颖达疏云:“夏，大也。故大国曰夏。华夏谓中国也。”[3]《尚书》记载的貊,古代西北方少数民族名称。蛮貊，泛指四方的少数民族国家。意思是中原和四方各国无不遵从。如此，西王母就自然而然地成为华夏母亲的代表者，自商周时代起，四方各国无不赞同。

西王母像 《中国神话学》[5]

随着时代的演进与发展，“华夏”一词意思的范围也发生变更，至汉魏时代起，华夏一词的范围已经包括中国的全部领土，而不仅仅是指中原地区矣。如《三国志·蜀志·关羽传》云:“羽威震华夏。曹公议徙许都以避其锐。”[4] 这里“华夏”就是指全中国。如此，祭祀西王母已经扩充到全中国。

华夏的西王母神话流行区域是在中国西部，故有“西戎——西王母”之说。前北京市长吴晗在1931年《清华周刊》第三十六卷六期刊载的论文题即为《西王母与西戎——西王母与昆仑山之一》。西戎,中国古代西北戎族的总称。《尚书》卷第六《夏书·禹贡》云:“织皮昆仑、析支、渠搜，西戎即叙。”[6] 意思是:织皮的老百姓定居在昆仑山、析支、渠搜三座山下，西戎的各族都安定顺从了。故《尚书》的西北戎族指的是织皮、昆仑、析支、渠搜等西戎四国。但到秦穆公时代已经发生了变化，分化为西戎八国而有了地区概念，这是司马迁揭示的,《史记》卷一百十《匈奴列传第五十》云:“秦穆公得由余，西戎八国服于秦，故自陇以西有绵诸、绲戎、翟、豲之戎，岐梁山、泾、漆之北有义渠、大荔、乌氏、朐衍之戎。而晋北有林胡、楼烦之戎，燕北有东胡、山戎。各分散居谿谷，自

1（汉）孔安国．尚书正义：卷第十一，周书·武成[M].（唐）孔颖达等正义．北京：中华书局，影印阮元校刻《十三经注疏》本．1980:185.1（汉）孔安国．尚书正义：卷第十一，周书·武成[M].（唐）孔颖达等正义．北京：中华书局，影印阮元校刻《十三经注疏》本．1980:185.

2 同上。

3 同上。

4 晋，陈寿撰．三国志：卷三十六，蜀书·关羽传[M].北京：中华书局，1959:941.

5 采自潜明兹著《中国神话学》插图。潜明兹．中国神话学[M].银川：宁夏人民出版社，1994：313.

6 孔颖达．尚书正义：卷第六，夏书·禹贡[M].北京：中华书局，影印阮元校刻《十三经注疏》本，1980:150.

有君长，往往而聚者百有余戎，然莫能相一。”[1]

以上泾，就是甘肃之泾州，乌氏在泾州之安定。唐李泰等撰、贺次君辑校注《括地志辑校》卷一《泾州·安定县》云：“乌氏故城在泾州安定县东三十里。周之故地，后入戎，秦惠王取之，置乌氏县。注：《史记·匈奴列传》‘有义渠、大荔、乌氏、朐衍之戎’正义引，又《通鉴》卷六《秦始皇纪》‘乌氏朐衍之戎’注引。又《史记·货殖列传》‘乌氏倮畜牧’《正义》引作‘乌氏故城在泾州安定县东四十里’。”[2]朐，就是宁夏盐州。《括地志》卷一《盐州·五原县》亦云：“盐州古戎狄居之，即朐衍戎之地，秦北地郡也。注：《史记·匈奴列传》‘朐衍之戎’正义引，又《通鉴》卷六《秦始皇纪》‘朐衍之戎’注引。”[3]盐州，“实际的唐代古盐州是在宁夏的盐池县，盛产池盐，直到西夏一直称盐州城。”[4]

故秦穆公时代的西戎——西王母分布就是在今甘肃、宁夏等地，以后又蔓延到青海、新疆、四川、云南等地区，明矣。故时下在甘肃泾川、宁夏固原、以及青海湟源、新疆阜康、四川绵阳、云南昭通都有西王母神话流行的古迹和文物存在，并开展了相应的西王母民间信仰的旅游，与《史记》记的八戎之地是一致的。

二、《周易》论证祭祀西王母为求子

华夏母亲具有西王母女性文化内涵。最重要的内涵是化生万物，因而先秦两汉西王母信仰是作为求子之神而存在，故进入《周易》占卜之列求子。汉焦赣撰《焦氏易林》卷一《坤之第二》云：“噬嗑：稷为尧使，见西王母。拜请百福，赐我嘉子。”[5]意思是：后稷为尧使者，谒见西王母神，拜请百福临门，赐后稷以嘉子。噬嗑，《周易》卷第三《噬嗑》云：“噬嗑：亨。”[6]经意：噬嗑，卦名。亨即享字，筮遇此卦，可以举行享祭，进行求福、求子双重活动。即说明古人求子和求福相连，要一起祭祀西王母，就显出西王母女性文化重要的内涵。

《焦氏易林》卷三《明夷之第三十六》云：“萃：稷为尧使，西见王母。拜

1（汉）司马迁撰．史记：卷一百十，匈奴列传第五十[M]．北京：中华书局，1959:2883．

2（唐）李泰等著，贺次君辑校．括地志辑校：卷一[M]．北京：中华书局，1980:41．

3 同上。

4 参见高国藩．白居易《城盐州》歌颂保卫盐州的历史功绩——为中国盐业史专业委员会成立大会而作[J]．宁夏社会科学院薛正昌．西夏研究，2010（3）：62–70．

5（汉）焦赣．焦氏易林：卷一，坤之第二·萃[M]．景印文渊阁《四库全书》：子部术数类，808—365．

6（魏）王弼，韩康伯注，（唐）孔颖达等正义．周易正义：卷第三，噬嗑[M]．北京：中华书局，影印阮元校刻《十三经注疏》本，1980:37．

请百福，赐我喜子，长乐富有。”[1]意思是：后稷作为尧使，西去进谒王母。

西王母　明王世贞《列仙全传》

拜请百福临门，赐我双胞喜子，长乐大富大贵。依然是求福、求子。此卦亦有《周易》之《萃》卦之支持。《周易》卷第五《萃》云："萃：亨，王假有庙。利见大人。亨，利贞，用大牲吉。利有攸往。"[2]从经意和传解两方面来分析之。经意：萃，卦名。亨即享字，祭也。有，于。贞，占问。筮遇这一卦，可以举行享祭，王亲自来到庙中，有利于见大人；又可以举行享祭，乃是有利的占卜问卦，享祭用大牲（牛等），吉，利于有所往。传解：萃，卦名，聚也。上位亨字，传亦读为享。下位亨字，通也。贞，正。其余与经同。

遂衍生出道教的西王母化生万物、育养天地之论。当然，道教的见闻只能是汉魏南北朝的民间传说的衍化。它孕育着古人对生命的美学的理解。我们所作的现代诠释也只能点到它的象征符号为止。前蜀杜光庭《墉城集仙录》云："西王母者，九灵太妙龟山金母也。一号太虚九光龟台金母元君。乃西华之至妙，洞阴之极尊。在昔道气凝寂，湛体无为，将欲启迪玄宫，化生万物。先以东华至真之气，化而生木公。木公生于碧海之上，芬灵之墟，以主阳和之气，理于东方，亦号曰东王公焉。又以西华至妙之气，化而生金母，金母生于神州伊川。厥姓侯氏，生而飞翔，以主元。毓神玄奥，于渺莽之中，分大道醇精之气，结气成形，与东王公共理二气，而育养天地，陶钧万物矣。柔顺之本，为极阴之元，位配西方，母养群品。天上天下，三界十方。女子之登仙者得道者，咸所隶焉。"[3]

西王母既然化生万物，以上说东王公和金母都是西王母化生，亦即天地万物都是她养育出来的；她是柔顺之本、极阴之元；天上天下，三界十方，道德

1（汉）焦延寿．焦氏易林：卷三，明夷之第三十六·噬嗑[M]．景印文渊阁《四库全书》：子部术数类，808—275．

2 孔颖达．周易：卷第五，萃[M]．北京：中华书局，影印阮元校刻《十三经注疏》本，1980：58．

3（宋）李昉，等撰．汪绍楹，校注．太平广记：卷第五十六，女仙一·西王母，集仙录[M]．北京：中华书局，影印本，1961：344．

女仙都是隶属于她——西王母掌控的。一言以蔽之，西王母就是女性文化生育之源。

三、《周易》论证祭祀西王母为求爱

男女求子既是西王母女性文化主要内涵，与之相似的男女求爱则是西王母女性文化第二个内涵。它表现在七夕节牛郎织女相会这一个民间传说上。这一传说已经融入全国节日风俗，以至西王母女性文化对全国有深远的影响。周代《诗经·小雅·大东》云：

维天有汉，监亦有光。

跂彼织女，终日七襄。

虽则七襄，不成报章。

睆彼牵牛，不以服箱。[1]

本为牵牛织女星。汉代《古诗十九首》云：

迢迢牵牛星，皎皎河汉女。

纤纤擢素手，札札弄机杼。

终日不成章，泣涕零如雨。

河汉清且浅，相去复几许。

盈盈一水间，脉脉不得语。[2]

牛女相爱却被隔在天河两边。南朝梁殷芸《小说》（《月令广义·七月令》引）则云："天河之东有织女，天帝之子也。年年机杼劳役，织成云锦天衣，容貌不暇整。帝怜其独处，许嫁河西牵牛郎，嫁后遂废织。天帝怒，责令归河东，但使一年一度相会。"[3]

谁令牛郎织女分隔在天河两岸的？民间传说认为是西王母所为。袁珂在《中国神话传说词典》中有一条记载：

民间传云，织女为天帝孙女，王母娘娘外孙女，于织纤之暇，常与诸仙女于银河澡浴。牛郎则下方一贫苦孤儿也，常受兄嫂虐待，分与一老牛，令其自立门户。其时天地相去未远，银河与凡间相连。牛郎遵老牛嘱，去银河窃得织女天衣，织女不能去，遂为牛郎妻。经数年，产儿女各一，男耕女织，生活幸

1（汉）毛公撰，郑玄笺．（唐）孔颖达等正义．毛诗正义：卷第十三，谷风之什·大东[M]．北京：中华书局，影印阮元校刻《十三经注疏》本，1980:461.

2（清）王士祯．古诗笺：五言诗卷一，古诗十九首[M]．闻人倓，笺．上海：上海古籍出版社，1980:6.

3 袁珂，周明．中国神话资料萃编[M]．成都：四川省社会科学院出版社，1985:113.

福。不意天帝查明此事，震怒非常，立遣天神往逮织女。王母娘娘虑天神疏虑，亦偕同去。织女被捕上天，牛郎不得上，与儿女仰天号哭。时老牛垂死，嘱牛郎于其死后剖皮衣之，便可登天。牛郎如其言，果偕儿女上天。差已追及织女，王母娘娘忽拔头上金簪，凭空划之，顿成波涛滚滚天河。牛郎织女隔河相望，无由得过，只有悲泣。后终感动上帝，许其一年一度于七月七日鹊桥相会。[1]

王母将牛郎织女分开，并促成牛郎织女七夕相会，遂被民间认为是谈婚论嫁的高禖之神，竟成为男女爱情的守护神。汉代画像石上就有记载。以下四川石棺画像曾经出现过《恋人崇拜西王母》图：

恋人崇拜西王母图　四川荥经县石棺画像[2]

七夕节的乞巧活动，例如《荆楚岁时记》记载："是夕，妇人结彩缕，穿七孔针，或以金、银、鍮石为针，陈瓜果于庭中以乞巧。"[3]

则是西王母女性文化第二个内涵中的派生出来的因素，但这是汉魏南北朝时衍化的风俗。

四、《周易》论证祭祀西王母为求财

西王母在先秦已被崇拜为婚姻之神。进而趋富心理发展，嫁给达官贵人、富裕人家，便过好日子，就演变为风俗。汉焦延寿撰《焦氏易林》卷一《否之第十二》云：

既济：东邻嫁女，为王妃后。庄公筑馆，以尊王母。归于京师，季姜悦喜。[4]

1 袁珂．中国神话传说词典 [M]. 上海：上海辞书出版社，1985:83.

2 李晓鸥．四川荥经发现东汉石棺画像 [J]. 考古与文物，1988(2).

3（梁）宗懔．姜彦雅辑校．荆楚岁时记 [M]. 长沙：岳麓书社，1986:44.

4（汉）焦延寿．焦氏易林：卷一，否之第十二·既济 [M]. 景印文渊阁《四库全书》：子部术数类，808—302.

意思是：东邻齐国嫁女，成为国君妃后。庄公筑馆嫁女，祭祀尊崇王母。季姜归于京师，众人皆大欢喜。即先秦两汉之《易》卜中，已经出现求王母而占卜婚姻的实例。典出《左传》鲁庄公元年。

《周易·既济》云：既济，亨，小利贞。[1]

经意：既济，卦名。亨为一句，小利贞为一句，言筮遇此卦，可举行享祭，乃小有利之占问。传解：既济，卦名。济。成也。既济，事已成。亨，即通。贞，正。利贞，有利且正。故《周易》已断定有利且正之事，必皆大欢喜，明矣。如此，人民对西王母崇拜有增无减。四川民间将西王母作为财神来加以对待。西王母坐镇摇钱树上，成为人们膜拜的财神娘娘矣。这是西王母女性文化继求子、求爱的内涵以后的第三个内涵。

西王母摇钱树的汉代文物，已经成为西王母文化重要的景观。兹举出以下四种出土文物予以论证。

第一种，四川西昌西王母摇钱树。见下左图。

摇钱树上的西王母　四川西昌东汉墓出土[2]

摇钱树座上的西王母　四川绵阳东汉墓出土[3]

第二种，四川绵阳西王母摇钱树。见上右图。

摇钱树是一种节日风俗。西南地区东汉墓出土有多种摇钱树，像云南昭通

1（魏）王弼，韩康伯，注．（唐）孔颖达等正义．周易正义：卷第六[M]．北京：中华书局，影印阮元校刻《十三经注疏》本，1980：72．

2 刘世旭．四川西昌高草出土汉代“摇钱树”残片[J]．考古，1987（3）：图一．

3 何志国．四川绵阳河道东汉崖墓[J]．考古，1988（3）：图8．

东汉墓出土的摇钱树和四川彭城双江出土的摇钱树，都带西王母。但以上西昌和绵阳的东汉墓却是西王母坐镇摇钱树，弥足珍贵。出土文物中发现摇钱树说明摇钱树风俗起自汉代西王母崇拜。证明四川、云南等省在汉代祭祀西王母神已是求财的一种表现。这是传说中的一种宝树，摇一摇它就会落下金钱来。

到唐代已经世俗化，摇钱树谐称为“钱树子”。摇钱树用来比喻女人。段安节《乐府杂录》云：

开元中，内人有许和子者，本吉州永新县乐家女也，开元末选入宫，即以永新名之，籍于宜春院。既美且慧，善歌，能变新声。及卒，谓其母曰：“阿母，钱树子倒矣。”[1]

明代也把摇钱树比喻成女人。明冯梦龙《警世通言》卷三十二《杜十娘怒沉百宝箱》云：“别人家养的女儿便是摇钱树，千生万活；偏我家晦气，养了个退财白虎。”[2]

冯梦龙《醒世恒言》第三卷《卖油郎独占花魁》亦云：“只是你的娘，把你（指花魁女）当个摇钱之树，等闲也不轻放你出去。”[3]万变不离其宗，至清代演为节日风俗女性文化。

清富察敦崇《燕京岁时记 · 摇钱树》云：“取松柏枝之大者，插于瓶中，缀以古钱、元宝、石榴花等，谓之摇钱树。”[4]这是节日陈设的摇钱树风俗，用以祈年。清朝时汉族摇钱树节日风俗流行福建的，则是一种祝人发财致富的象征物。清林祖焘《闽中岁时杂咏》云：“买得数枝花饼无，花枝满乎唱于于。许多吉语堂前赞，只博官人一五铢。”[5]每逢新年，沿街乞丐，都折花枝，上面缀以铜钱，俗谓“摇钱树”。并挨家向人说唱莲花吉语，祝贺来年财源茂盛，唱毕主人皆赏给钱物。商家也制作摇钱树加以出售祝吉，相应成风。

第三种，四川彭城双江西王母摇钱树。其艺术结构特别复杂。见下页左图。

长袖舞人、抚琴娱乐人等。中间山顶亦有一空心柱洞，用以插物。本摇钱树属于第一种，下部为陶座，浮雕有天禄、辟邪神兽，其绿釉、白彩和上面的

1（唐）段安节．乐府杂录[M]// 中国古典戏曲论著集成：第一册[G]. 北京：中国戏剧出版社，1959:46–47.

2（明）冯梦龙．警世通言：卷三十二，杜十娘怒沉百宝箱[M]//《十大古典白话短篇小说》丛书，上海：上海古籍出版社，1992:317.

3（明）冯梦龙．醒世恒言：第三卷，卖油郎独占花魁 //《十大古典白话短篇小说》丛书，上海：上海古籍出版社，1992:41.

4（清）富察敦崇．燕京岁时记[M]// 李家瑞．北平风俗类征·岁时：上册．据商务印书馆1937年版影印本，上海：上海文艺出版社，1985：120.

5（清）林祖涛．闽中岁时杂用 · 摇钱树[M]// 中国风俗辞典 · 岁时节日类．上海：上海辞书出版社，1990:93.

王母牛郎织女摇钱树　四川彭城（彭山）双江出土摇钱树[1]

四川彭城（彭山）双江出土摇钱树分解图[2]

铜树叶的色泽浑然一体。”[3] 见上右图。

该《辞典》对分解图作了如下分析：

“在摇钱树的陶器座旁，常散乱着一些铜铸之树，树上铸有西王母（左图上数第二枝叶正中端坐的即为西王母）、猿、钱等。可见铜树是插在陶器座上的。因器座上有一人持竿打树上之钱，另有几人将钱挑走，故称之为‘钱树’、‘钱树座’。

摇钱树的出现，正反映出货币使用已相当普遍，掌握货币就是聚敛财富。但是，在汉代的典籍中不见这类传说和记载，间接材料说明‘尝行而得遗钱，拾以系树枝，此钱即不见取，而系钱者愈多。问其故，答者谓之神树，原恶其由已而成淫祀，乃辨之，于是里中遂敛其钱以为社供。’从这些材料中已看不出像后人传说的那种‘摇钱树’的原意。

特别值得注意的是钱树和钱树座上的浮雕。耸立的三山即是‘神山’，钱树就在神山之上。神山是根据古代巨鳌载山的传说而来。相传天地渤海之东的几

1 齐吉祥主编、刘桂英副主编．中国历代珍宝鉴赏辞典：三，青铜器·青铜摇钱树[M]．北京：文心出版社，1996：331，332．

2 同上。

3 同上。

亿万里的地方，有一处称作‘归墟’之地，深不可测，无底无边，天际之水永注不满，其中有五座山，山上建筑皆为金玉所砌，仙果之树丛生，食之长生不老，所居之人皆神仙，朝来夕还，腾云驾雾。但五山无根，常随波飘移，仙圣上告大帝，大帝派人带领十五只巨鳌，将五山稳稳托住，并分为三班，六万年轮换一次，余皆守其旁。后有龙国人来此垂钓，一钩就钓出六只巨鳌，五山也随之飘去，其中二座流到北极，沉于大海。已剩的三座高山是：方壶、瀛洲、蓬莱。山上的‘珠玕之树皆丛生’便演绎成了后来的‘摇钱树’。其后，还引出秦始皇相信了海中有神山的美丽传说，遣徐福发童男童女数千人，入海寻仙之事。”[1]

第四种，云南昭通东汉墓出土的西王母摇钱树。惜有残缺。

先秦两汉将西王母矗于摇钱树之上，是祭祀西王母时为了《周易》占卜之需要。汉焦延寿撰《焦氏易林》卷一《小畜之第九·丰》云：“丰：中田高黍，以享王母。受福千亿，所求大得。”[2]意思是：田中肥美粮食，用来祭祀王母。受福千亿财富，所得大富大贵。此为大吉之卦。主要得到《周易》卜筮书的支持而蓬荜生辉。《周易·丰》云：“丰：亨，王假之，勿扰，宜日中。”[3]从经意和传解两方面分析之，《周易》之哲学思维尽出矣。经意：丰，卦名。亨，享，即祭祀。假，至。日中，正午。筮遇此卦，以为可以举行祭祀，主人须亲自到祭处，即使有危难之事，也请勿扰。祭祀时间益在正午，将得保佑神助。传解：丰，卦名，大也。亨，通。王假之，即王亲至以主持大事。勿扰，即对大事不必忧虑。宜日中，王宜似日在中天以照耀天下。

云南昭通东汉墓摇钱树[4]

1 齐吉祥主编、刘桂英副主编．中国历代珍宝鉴赏辞典：三，青铜器·青铜摇钱树[M]．北京：文心出版社，1996：331，332．

2（汉）焦延寿．焦氏易林：卷一，小畜之第九·丰[M]．景印文渊阁《四库全书》：子部术数类，808—294．

3（魏）王弼，韩康伯，注（唐）孔颖达，等正义．周易正义：卷第二，豫[M]．北京：中华书局，影印阮元校刻《十三经注疏》本，1980：67．

4 云南昭通东汉墓摇钱树。《汉语大词典》编委会．汉语大词典：第六册[M]．上海：汉语大词典出版社，1990：811．

五、《周易》论证祭祀西王母为长寿

然则汉代人祭祀西王母，也有祈求长寿者。这也是西王母女性文化第四个重要的内涵。汉焦赣撰《焦氏易林》卷一《讼之第六 · 泰》云 :“泰 : 弱水之西，有西王母。生不知老，与天相保。行者危殆，利居善喜。”[1]

意思是 : 在弱水之西头，有西王母祠庙。只知生不知老，与天齐寿相保。或有旅行危殆，这里利居善喜。这也有《周易》吉卦为背景衍生出卦辞。《周易》卷第二《泰》云 :“泰 : 小往大来，吉。亨。”[2] 孔颖达正义曰 :“阴去故小往，阳长故大来。以此吉而亨通，此卦亨通之极。”[3] 又筮遇此卦，可举行享祭。

传解:泰:卦名。序卦曰:“泰者,通也。”所谓“小往大来”是指事业由小到大,由衰而到盛。亨,通也。卦辞意思是:事业由小到大,由衰到盛,大吉,也是亨通。人逢喜事精神爽，故知生不知老，与天相保矣。如此知生不知老，西王母的养生食品出矣。于是王母桃、王母枣、王母玉等等从民间倾巢而出,使游人真正“生不知老”。

祈求西王母保佑平安，这是西王母女性文化第五个重要的内涵。汉焦延寿撰《焦氏易林》卷一《师之第七 · 离》云 :“戴尧扶禹，松乔彭祖，西遇王母，道路夷易，无敢难者。”[4] 意思是 : 拥戴圣人尧和禹，赤松子王乔彭祖，西过进谒西王母，大道平易不艰苦，没有邪恶敢拦堵。《周易》卷第三《离》云:“离:利贞。亨，畜牝牛吉。”[5] 从经意和大传解释两方面分析之。经意，离，卦名。利贞，利占。亨，即享，祭祀。畜，养育。筮遇这一条卦词，是有利的占问 ; 要举行享祭，先蓄养牝牛为祭祀牲品，吉。周人祭天祭祖，皆先选优质牛牲而特别蓄养起来用来祭祀，然后选择时日加以卜筮而后定。传解，离，卦名。离，附丽。利，利物，也是利人。贞，正。亨，通。“离利贞亨”是一句，说的是 : 人附丽于利他人之正道，则一切皆会亨通。“畜牝牛吉”，蓄养牝牛是一项平和而柔丽的事情，所以它能附丽于人，使人获得平安。

祈求西王母保佑平安之求签不止一种。《易》卜也会有从另一角度诠释西王母保佑平安之卦词。如《焦氏易林》卷四《萃之第四十五 · 豫》云 :“豫 : 穿鼻

1（汉）焦延寿 . 焦氏易林 : 卷一，讼之第六 · 泰 [M]. 景印文渊阁《四库全书》: 子部术数类，808—285.

2（魏）王弼，韩康伯，注 .（唐）孔颖达，等正义 . 周易正义 : 卷第二，豫 [M]. 北京 : 中华书局，影印阮元校刻《十三经注疏》本，1980:28.

3 同上。

4（汉）焦延寿 . 焦氏易林 : 卷一，师之第七，离 [M]. 景印文渊阁《四库全书》: 子部术数类，808—288.

5（魏）王弼、韩康伯，注 .（唐）孔颖达，等正义 . 周易正义 : 卷第二，豫 [M]. 北京 : 中华书局，影印阮元校刻《十三经注疏》本，1980:43.

系株，为虎所拘，王母祝祷，祸不成灾，突然自来。”[1] 意思是：练锁穿鼻缚棘中，如虎恶棍拘禁我，幸得王母来祝祷，灾祸避免未成灾，安然无恙自归来。祈求平安的宗旨跃然纸上。《周易》卷第二《豫》云：“豫：利建侯行师。”[2] 经意：豫，卦名。建侯，建立诸侯，即封侯建国，新侯嗣位，皆曰建侯。行师，出兵。筮遇此卦，无论建侯，或者行师，皆有利。传解：豫，卦名。《尔雅·释诂》云：“豫宁。邢昺疏：豫宁至安也，释曰：皆安乐也。”[3] 豫训乐，借为娱。《说文》：“娱，乐也。从女吴声。”[4] 乐，即吉意故经意与传解，皆言吉。

结语

华夏母亲终于成为历代中国人虔诚供奉的女神。可以这样说，从古至今人民进入西王母庙中祭祀华夏母亲，总有抽签打卦的习俗，因此他们开放抽签打卦的心理咨询活动，并运用算命、看相、解梦等民间喜闻乐见的民间心理医疗活动，因而这些民间文化就特别的兴盛起来。而他们使用的是传统的《周易》卜卦，如此，《周易》卜卦中有关内容就体现了西王母女性文化的内涵。于是西王母女性文化受到人们普遍欢迎。人们涌进西王母祠庙祭祀华夏母亲西王母，一是为了求福、求子；二是为了婚姻美满；三是为了求财；四是为了长寿，健康快乐；按照汉代人概括的八字箴言，即“生不知老，与天相保。”五是为了祈求平安。西王母《易》卜虽然有许多，但以上五个方面，却已概括其全面的内容。如此代代相因，演变成了长久不衰的西王母女性文化矣。从古至今中国人民构造了一个整体的民间信仰环境，用功犹勤，它成为民间和谐生活的基础。

1 （汉）焦延寿．焦氏易林：卷四，萃之第四十五·豫[M]．景印文渊阁《四库全书》：子部术数类，808—387．

2 （魏）王弼，韩康伯，注．（唐）孔颖达，等正义．周易正义：卷第二，豫[M]．北京：中华书局，影印阮元校刻《十三经注疏》本，1980：31．

3 （晋）郭璞，注．（宋）邢昺，疏．尔雅注疏：卷第二，释诂[M]．北京：中华书局，影印阮元校刻《十三经注疏》本，1980：2575．

4 （汉）许慎．（宋）徐铉，校定．说文解字：卷一二下，娱[M]．北京：中华书局，影印本，1963：262（上）．

九华山地藏玺印略考
——九华山地藏玺印与地藏信仰研究

何翔彬　陈尚前

一、引言

九华山位于安徽长江南岸青阳县境内，以优美的自然景观和浓郁的佛教文化著称于世，是我国四大佛教圣地之一。

据《九华山志》记载，东晋时期，佛教就已经传入九华山地区。唐开元末，古新罗国（今朝鲜半岛南部）僧金乔觉渡海来到九华山中，宴然独坐，苦心修持，一方善信，悉皆宗仰。唐贞元十年（794 年）的农历七月三十日，金乔觉圆寂，尸坐石涵中，三年未腐，众僧徒尊为地藏菩萨示现（意即地藏菩萨转世），建肉身塔供奉[1]。两宋时期，经济繁荣、社会安定，九华山佛教得到了一定的发展。元代统治阶级崇信喇嘛教，汉地佛教发展趋缓。明代初年，朝廷鉴于喇嘛教的流弊，转而大力推崇佛教，给寺庙颁行印经、赐匾额田产、封赏出家高僧，极大地推动了佛教发展，促进了佛教的兴盛[2]。洪武二十四年（1391 年），朝廷赐银修葺九华山化城寺、永乐二十年（1422 年），明成祖封九华山妙峰寺妙广和尚为“护国瑜伽上师”，并赐金斓衣。此后，景泰、宣德、万历、崇祯等时期，朝廷先后降

[作者简介] 何翔彬，安徽省池州市九华山风景区文物管理所（柯村新区）文博馆员。陈尚前，安徽省芜湖县文物管理所助理馆员。

1 九华山志编纂委员会 . 九华山志 [M]. 合肥：黄山书社，1990：10.

2 九华山志编纂委员会 . 九华山志 [M]. 合肥：黄山书社，1990：92.

唐至德款立龙钮金印

旨颁赐《大藏经》、敕封百岁宫“应身菩萨”等等。使得九华山成为中国著名的佛教圣地。自此以后，九华山被称为地藏菩萨道场，四方善信纷来朝山，香客游人不绝于途。明清及民国时期，九华山佛教极大地影响了长江中下游的广大地区，朝山敬香的香客游人摩肩接踵，在漫长的佛教的信仰环境当中，香客游人中渐渐形成了很多约定俗成的风俗，如盖地藏印的风俗[1]。九华山开辟地藏道场以来，即珍藏“地藏利生宝印”。善男信女们都以盖一枚地藏印为幸事，以求消灾增寿，祈福延年，并作为朝拜九华佛教名山的信物，这种风俗几成定例[2]。

九华山化城寺现存历代地藏玺印 12 枚，其中铜铸鎏金玺印 7 枚，玉印 5 枚。印文为九叠篆朱文，经鉴定，铜铸鎏金玺印均为宋、明时期的作品，玉印均为清代作品。佛教玺印作为中国玺印中的一个独特门类，有着较为独特的文化意蕴，它是佛教文化与中国传统本土文化相融合的典型例证。

佛教玺印的确切起源今已难做精准的考证，汤用彤《汉魏两晋南北朝佛教史》[3]、任继愈《中国佛教史》[4]、中国佛教协会编《中国佛教》[5]、蒋维乔著《中国佛教史》[6] 等佛学著作均未提及。清周赟编光绪版《九华山志》卷四曾有这样的记载：“……又铜质九龙方印，不知制自何时，背刻有“唐至德二年”五字，印文均刻地藏利生宝印，现皆存藏经楼。凡香客来山，大都请印衣帽……”另有一枚金印收藏于芜湖广济寺，相传，唐至德二年（757 年），唐肃宗命人以金铸成，印文为“地藏利成金印”，金印系砂金铸成，重达 4 千克，正面有楷书“唐至德二

1 何翔彬，何厚德，焦健．九华山庙会的文化特质与民俗学价值——非物质文化遗产“九华山庙会”的传承及价值解读 [M]// 安徽文博：第 8 辑，北京：中华书局，2012.

2 九华山大辞典编纂委员会．九华山大辞典 [M]. 合肥：黄山书社，2001:214.

3 汤用彤．汉魏两晋南北朝佛教史 [M]. 北京：北京大学出版社，2010.

4 任继愈．中国佛教史 [M]. 北京：中国社会科学出版社，1988.

5 中国佛教协会．中国佛教 [M]. 北京：东方出版中心，1980.

6 蒋维乔．中国佛教史 [M]. 北京：团结出版社，2005.

年“字样，印头铸有九龙戏珠，被视为广济寺最尊贵的宝物。民国版《芜湖县志》（卷四十一 庙祀志）载：“世传金印，宝若连城”[1]。这是九华山地藏玺印见诸著作的记载。对于宗教玺印的研究目前没有现成的著作可做参考，因此，我们只能从佛教在九华山的传布、地藏信仰和地藏道场在九华山的确立等诸因素加以推测，并就地藏玺印与地藏信仰及佛教文化的关系做浅显解读和初步探讨。

二、地藏信仰与九华山金地藏应身

地藏信仰是中国佛教传统信仰中最具影响的信仰之一。

在中国佛教中，地藏与观音、文殊、普贤一起被称为四大菩萨，这四大菩萨也是中国民间信仰的主要对象。据《地藏菩萨本愿经》记载：地藏菩萨是古佛化身，为梵文 Ksitigarbha 的意译，音译“乞叉底蘖婆”。在释迦寂灭之后，弥勒未生之前，是大千世界芸芸众生赖以救苦救难的大悲菩萨。地藏菩萨证得佛的法身，现无量身，遍及十方世界，是为度脱众生。同时，地藏菩萨以“众生度尽，方正菩提，地狱未空，誓不成佛”的宏大誓愿与自我牺牲精神而著称，得到中国社会普遍的尊敬与膜拜，在对诸佛菩萨的崇拜中，地藏信仰可以说是最为中国化或者说中国化最彻底者之一。这首先是因为“地藏护持震旦，化洽无穷”，在中国民间信仰中扮演了重要的角色。其次是因为地藏信仰与中国本土幽冥观念以及孝道文化融合的最为充分。[2]“孝”是中国儒文化的核心观念，是中国社会最基本的伦理价值和维护社会稳定的重要理论依据。在以血缘宗法关系为基础的中国社会中，“百善孝为先”、“以孝治天下”是中国社会自汉武独尊儒术以后封建帝王治国的重要方略之一。佛教作为一种外来宗教，要想在中国社会获得普遍信仰，必须与中国固有的传统观念想融合，找寻与中国传统信仰相同之处。汤用彤先生说：“大凡世界各民族之思想，各自辟途径。名辞多独有含义，往往为他族人民所不易了解。而此族文化输入彼邦，最初均抵牾不相入。及交通稍久，了解渐深，于是恍然于二族思想固有相同处，因乃以本国之义理，拟配外来之思想。”[3]因此，佛教在中国化的过程中，必然摆脱不了与孝道的关系。《地藏菩萨本愿经》[4]。记载“像法之中”，地藏菩萨为一婆罗门女，“宿福深厚，众所钦敬”，为救度堕入地狱的母亲，而舍身入地狱，见地狱苦海无边，“苦毒无

1 余谊密．芜湖县志[M]．鲍实，总纂．芜湖县旧志整理办公室，整理．合肥：黄山书社，2008：290．

2 尹富．中国地藏信仰研究[M]．成都：巴蜀书社，2009．

3 汤用彤．汉魏两晋南北朝佛教史[M]．第2版．北京：北京大学出版社，2011：133．

4《弘化社》藏版，江苏省佛教协会。

量”，三界众生种恶因者皆堕入其中，于是，婆罗门女“立弘誓愿，愿我尽未来劫，应有罪苦众生，广设方便，使令解脱”。因此，地藏菩萨被后人称之为“大愿地藏王菩萨”。《地藏菩萨本愿经》又被称之为佛门“孝经”。地藏信仰的核心世界观是认为有情众生都在六道中轮回流转（天道、人道、阿修罗道、畜生道、饿鬼道、地狱道，即“六道”。其中畜生道、饿鬼道、地狱道为“三恶道”。），地藏菩萨执掌幽冥世界，控制着人的六道轮回。认为人去世之后，幽冥地府依照其本身行善或犯恶业力，进行审断，若一生行善积德，死后不堕入“恶”道，而是转世进入天道和人道，所以，地藏菩萨所控制的不仅仅是作恶多端进入“恶”道的人，还包括为善的人和亦善亦恶的人所经历的中阴阶段[1]。由此可见，地藏信仰在民间信众心目中之重大意义。因此，隋唐以后，地藏信仰充分利用中国传统鬼神崇拜的民间信仰和“因果报应”论，并将善恶“业力”所致的“因”、“果”关系与儒家孝道进行了很好的结合，使得地藏信仰深深地扎根于民间信仰之中。随着中国佛教“大乘化”运动的发展，隋唐时期，地藏信仰的传播逐渐向民间化、世俗化发展。地藏信仰的重心从“求觉悟”，向“祈福”、“庇佑”等功利性、实用性的祈求和希冀转化，地藏信仰在中国广为普及。[2]

九华山确立为地藏菩萨道场，与唐代新罗国僧人金乔觉有关。

唐元和八年（813 年）费冠卿所作《九华山化城寺记》[3]。载：“时有僧地藏，则新罗国王子金氏近属，项耸奇骨，躯长七尺，而力倍百夫。尝曰：‘六籍寰中，三清术内，惟第一意与方寸合。’落发涉海，舍舟而徒，睹兹山于云端……岩栖涧汲，以示高洁”。据《神僧传》载，佛灭度一千五百年后，地藏菩萨降诞于新罗王家，姓金，名乔觉。卓锡九华，“遂证道于斯”。金地藏在九华山苦心修持期间，青阳人诸葛节等为其苦修的德行所感动，买下僧檀号的旧地重建新寺，作为金地藏修持之所。建中初年（约 781 年）池州太守张岩奏请朝廷移旧额置于新寺，曰：“化城寺”。其后僧徒日众。贞元十年（794 年）农历七月三十日，金乔觉 99 岁，忽召众告别，示寂时，“山鸣石陨”，“寺中扣钟，无声堕地”，“堂椽三坏”。金乔觉肉身“趺坐函中”，三年后，僧徒开缸，“颜状亦如活时，舁动关节，若撼金锁”。经云：“菩萨钩锁[4]，百骸鸣矣”。于是，僧徒们就认为金乔觉是地藏菩萨应身（意即转世），建肉身宝塔供奉。

苦难与宗教总是紧密地联系在一起。无论是“太平盛世”，还是身逢乱世，

1 李利安，张子开，张总，李海波．四大菩萨与民间信仰 [M]. 上海：上海人民出版社，2011：437.

2 尹富．中国地藏信仰研究 [M]. 成都：巴蜀书社，2009.

3 释印光．（民国）九华山志 [M]. 扬州：广陵古籍刻印社，1997：229.

4 张总．九华地藏信仰起源之佛典“钩锁骨鸣”[J]. 池州学院学报，2012，第 26 卷 (1)：6.

人的个体生命的脆弱，对未来不可知不确定的恐惧，使得大多数人都能感受到苦难的存在和体验。痛苦与人的一生相伴，痛苦的无法摆脱性与灾难的不可预测性，构成了人类苦难的绝对性。现实生活中，人们找不到安全的庇护所，在战乱、饥荒、自然灾害面前，人类是那样的无助与渺茫，面对苦难，人类一直在问“为什么？”、“怎么办？”、“如何解脱？”。这也是包括佛教在内的任何一个宗教都必须要解决和回答的问题。由于金乔觉地藏菩萨应化之说的成立，普渡众生的誓愿使得长期受到生活折磨的“芸芸众生”所神往，同时，金乔觉所

唐至德款立龙钮地藏金印（边长 13 厘米）

盘龙钮金印（边长 12.2 厘米）

龙形桥钮金印（边长 11.8 厘米）

显示的瑞相和圣迹，大大缩短了佛教理想与众生苦难的距离，给在苦海中挣扎的苦难众生以极大的希望[1]。“众生度尽，方证菩提，地狱未空，誓不成佛”是地藏菩萨的大愿，这个愿望的核心就是人世间不再有苦难，不再有痛苦和烦恼，地狱没有冤魂饿鬼，娑婆世界众生都能够超脱六道轮回，脱离苦海，不堕冥途。人人都平等地生活在了却生死、不生不灭的清净琉璃世界，这是佛教勾画出的理想世界。特别是对那些生活在宋元和明清之际战乱频仍的人世间芸芸苦难众生来说，无疑有着极大的吸引力。这也是地藏信仰在中国深得信众追捧和九华山地藏菩萨道场在中国广为传播、并经久不衰的最主要原因。

三、九华山地藏菩萨玺印

（一）九华山地藏玺印的起源与宗教意义

从考古发掘和历代流传的实物中，我们现在可以确知的最早印玺大多是战国时期的。[2] 玺印的起源至今尚无一致的看法。根据历史记载，至少在春秋时已出现。古时玺印一般较小，在封泥上使用。秦始皇统一中国后，他规定“玺”字为皇帝专用，一般官私印都称之为“印”。根据考古发掘的资料发现，晋代以前的官印尺寸较小，一般 2 ~ 3 厘米见方，由南北朝以后，官印尺寸逐渐变大，隋唐时期官印为 5 ~ 6 厘米见方，印文大多以小篆为主。到了宋代，官印印面大多达 10 厘米见方，在这种大印面上若用一般小篆字体布置印文，就显得空疏，不易整齐布满。因此，就把篆字笔画回环重叠起来，称之为“九叠篆”。九字在中国古代常代表多的意思，并不一定有九叠的确数。九叠篆由于笔画繁复重叠不易辨认，有防奸辨伪的作用。因此宋元以后，直至明清时期，官印都一直使用九叠篆[3]。九华山地藏金印（铜鎏金）全部为九叠篆朱文印，印文为“地藏利生寶印”，金印均以黄铜铸成，表面采用鎏金、镀金的方式，其中一枚铸有“唐至德二年”款识。玉质玺印以田黄、寿山石、和田墨玉雕刻而成。印文分别为：南無地藏王菩薩寶印、萬年禪寺百歳宮應身地藏菩薩三寶印、地藏利生寶印。

经对实物辨识考证推测，九华山地藏玺印的起源和用途大致应有以下几个原因：

1 潘桂明．九华山佛教史述略[J]. 安徽师范大学学报，1991(3)：313.

2 罗福颐，王人聪．印章概述[M]. 中华书局（香港）有限公司，1973.

3 罗福颐，王人聪．印章概述[M]. 中华书局（香港）有限公司，1973.

1. 玺印是中国古代权力的象征

根据中国人的传统，玺印所表达的是皇权、荣誉和地位。乾隆帝有言："盖天子所重，以治宇宙，申经纶，莫重于国宝"。故此，玺印是中国人心目中无可替代的权力象征。自唐以降，地藏信仰已经深入人心，地藏菩萨被广大信众尊称为"地藏王菩萨"，地藏菩萨主管幽冥世界，以极其公平的姿态赏善罚恶，其地位在广大信众心目中是至高无上的。因此，广大信众、佛教僧团从世俗社会的权利与地位和发自内心的真诚信仰出发，铸刻地藏玺印，以表示对地藏菩萨的地位和权威的尊崇。另外，历代帝王御赐玺印给佛教寺宇有着皇权高于神权的另一层目的。

2. 香客游人朝山拜佛的凭信

宋以降直至明清时期，九华山逐渐形成佛教名山，来九华山朝山拜佛的香客与日俱增，香客游人摩肩接踵。《出示勒石永禁事案》[1] 载："青阳县境九华山为地藏文佛化城之所，显应素著，香客往来，几成闹市"，《池太安道刘老爷严禁弊害碑》[2] 载："九华山素称胜境，为天下士民瞻仰，四方登谒者多"，《奉示碑记》[清道光七年（1827年）]载："香客往来，络绎不绝，贸易营生，时常聚集，人烟辐辏之地。"在以陆路交通为主的年代，赴九华山朝山敬香是一件很隆重、也很费时费力的一件大事情，朝山的香客不仅耗费很长的时间，还要忍受长途跋涉、风餐露宿的劳累。因此，到九华山拜佛之后，这些香客必须取得一件信物，以证已到达佛教圣地。[3] 故此，明清、民国直至当代，香客在拜佛之后，一定会在敬香的香袋、女性包头帕、朝山时穿着的居士服装上加盖地藏玺印。

3. 佛教玺印是佛教中国化之后宗教仪轨之必需

在佛教中仪轨仪式中，常常举办各种"法会"，包括"盂兰盆会"、"水陆法会"等大型法会和"瑜伽焰口"、"拜忏"等小型法会，主要为生者祈福消灾和为死者超度亡灵等形式。水陆法会"送圣"和瑜伽焰口等仪式中，最末一项是"烧化"仪式，就是将盖有地藏菩萨印信的纸符、黄表纸烧化，以达到"发遣符贴，超度亡魂，发送野鬼，开幽启明"的目的。

（二）九华山地藏金印的形制与铸造年代与工艺

古代玺印纽制有鼻纽、桥纽、龙形纽、狮形纽，以及龟蛇马羊等动物形象纽，印钮大多以握拿使用方便为主。九华山地藏金印的形制采用宋元官印的基本形

1 藏化城寺碑刻，明万历四十七年十月（1619年）。

2 藏化城寺碑刻，清康熙三年（1664年）。

3 九华山大辞典编纂委员会．九华山大辞典[M]. 合肥：黄山书社，2001.

式，印钮铸刻精美，工艺精湛。分别为：盘龙钮、九龙钮、卧龙钮，玉印采用狮钮、卧狮钮等样式。其中，唐至德款立龙钮地藏金印印体边长 13.3 厘米，厚 2 厘米，印钮为立龙的形式，铜铸鎏金，重量为 3.35 千克，印文面四周有 1.8 厘米宽边，在宽边内雕刻有九条龙，为朱文九叠篆“地藏利生宝印”六个字，印文笔画规整。根据其款识、印文铸刻、造型特点判断，应铸造于宋代[1]。其余几枚金印应铸造于宋明时期。

四、余论

地藏玺印在中国古代玺印中是不同于官印、私印的一个独特门类，它并不具备世俗社会权力、地位的直接作用。佛教在传入中国之前，没有证据表明有使用玺印这一习惯或习俗，而是在传入中国之后，经过不断的繁衍与发展，与中国传统文化相融合，进而形成这种习俗，因而，地藏玺印具有与中国传统习俗、传统信仰等紧密结合的宗教神权的象征作用。因此，对宗教玺印的研究，有助于我们揭示佛教在中国化过程中所产生的分歧、融合以及佛教演变、发展并最终成为中国传统文化重要组成部分的深刻原因。

1 2006 年，安徽省文物进出境鉴定站专家鉴定为宋代铸造。

博物馆公众影响力提升策略研究

刘　迪

无可否认，当今中国博物馆正经历着前所未有的大发展。同时，在这个多元化的时代背景下，它的社会处境却愈加走向边缘化，在公众社会生活中存在感甚弱。究其原因，博物馆在公众生活中存在感的缺失源于其价值实现过程中出现的问题。或许博物馆本身并不缺少价值，却因其在价值实现上出现的阻碍而被公众所"忽视"。博物馆如何冲破自身蕴藏价值在转化为社会价值时的阻力，实现在社会公众中的影响，成为博物馆界亟待解决的一个关键性问题。

笔者不揣浅陋，拟从实力、定位、专业化、陈列展示四个方面来分析博物馆公众影响力提升之策略，以期抛砖引玉。

一、增强实力，夯实博物馆公众影响力的基础

博物馆的实力是有效整合馆内外资源的结果，是提升内在品质的保障。博物馆只有拥有一定实力，才能进一步完善藏品体系，优化陈列设计及制作，提高服务与业务水平，维系并扩大公众基础，从而做大自身的公众影响力。

博物馆实力主要由三个方面内容构成：

[作者简介] 刘迪，男，江西师范大学历史文化与旅游学院博物馆学系讲师，博士，研究方向：博物馆学。

第一，硬件资源。它是博物馆实力的重要组成部分，也是博物馆影响力得以成形的物质载体，包括博物馆藏品数量与质量、资金投入、基础设施等。博物馆影响力提升中若干环节都需要相应的资金投入，资金投入充裕以及对资金的有效利用是很多知名博物馆能够保持自身影响力的因素之一。同时，硬件资源中藏品数量和质量也是博物馆影响力发生的基础，一个博物馆的社会认知度与声誉与它镇馆之宝的“分量”息息相关。

第二，软件资源。它是博物馆实力构成的内核，是博物馆影响力形成的决定性因素，涉及人才、服务、陈列等，体现为智能及能动因素对博物馆知识信息传播、公众影响及社会发展方面的作用。而其中具有主观能动性的人力资源是博物馆实力的关键要素。博物馆对创造力的依赖与日俱增，使得博物馆对人员技术水平，包括藏品研究、观众研究、陈列设计、讲解服务等方面提出更高要求。在博物馆发展过程中，人员职业素质的提升及相应激励机制的建立与完善都将有助于博物馆影响力的提升。

第三，外部资源。博物馆在服务与满足社会公众的同时，自身发展也离不开其他社会成员或机构的支持，这些支持构成博物馆的社会支持体系。此体系按不同角度可被划分为不同结构。范围上，包括国家支持、地方支持、社区支持等；性质上，包括经济支持、实物支持、智力支持、情感支持等；主体上，包括政府支持、社会团体机构支持、个体支持等。[1] 这些外部资源也是构成博物馆影响力形成基础的重要部分。博物馆如有效利用并充分调动这些外部资源，则会壮大博物馆实力，开拓博物馆发展空间，从而增强其在公众中的影响力。

二、寻准定位，以特色成就博物馆公众影响力

某一博物馆在与同行业乃至相关行业竞争“公众市场”的过程中，能够有效吸引公众并使之产生认知和忠实的主要方式，便是找到自身的准确定位。

定位作为博物馆公众影响力实现的重要环节，其作用主要体现在两个方面：第一，有利于形成博物馆品牌影响。定位所解决的问题是使博物馆品牌为公众所接受并记忆，进而公众在有相关需求时可能将该博物馆作为备选乃至首选。并且，只要此博物馆品牌印象在公众认知中不发生改变，由于行为惯性，公众往往会一直忠实于该博物馆。第二，准确定位有利于实现博物馆与公众之间的沟通。博物馆公众影响力的实现受到公众因素的制约，能否得到公众的认可，

1 参见刘迪．博物馆社会支持体系刍议 [J]. 博物馆研究，2009（1）．

则取决于公众对某一博物馆的需求程度。而定位正是通过找准自身在公众心理结构中所占据的位置，形成该博物馆对于公众的不可替代性，从而牢固两者之间的联系，对公众产生更大的影响。博物馆的战略定位主要可以从两个角度展开：

第一，缔造形象影响力。博物馆形象是公众对博物馆的整体印象与评价，是博物馆陈列水平、服务质量、人员素质、品牌价值等因素在公众心中的综合反映。而博物馆形象的缔造便是通过有意识、有计划的博物馆工作不断塑造、强化并传播博物馆良好的整体印象。博物馆形象定位并非着眼于陈列展览、服务项目等具体方面，而在于确定博物馆整体而宏观的形象特点与优势。目前，中国博物馆界仍存在着面目趋同的现象，哪家博物馆能以更加鲜明而富于个性的整体形象呈现在公众面前，便能从中脱颖而出，赢得公众的识别和认同，同时具有更大的影响力。

第二，形成区域影响力。博物馆在对自身进行定位时，很重要的一个方面是明确自身影响力覆盖的核心范围（区域）。这对地方性博物馆尤为重要，地方性博物馆更应立足于一定地区，致力于拓展本区域内所覆盖公众的广度与深度，力争渗透覆盖区域内的多数公众，利用针对性强而精准的区域定位构筑博物馆的区域影响力。地方性博物馆由于自身所处文化环境，与公众在文化需求上存在着更多天然的联系与更深层次的吻合，博物馆陈列内容与主题也更能贴近本区域公众的生活，因而在其覆盖范围内更易获取良好的公众沟通基础。因此，一个地方性博物馆公众影响力的提升，首先需要关照区域内公众的需求，结合自身资源、地方特色与文化风俗，进行陈列设计以及互动项目的开发。此外，博物馆在已立足于本区域社会前提下，可进一步思考如何将自身的影响向更广大的范围拓展。

三、铸造专业精神，以专业化促进博物馆公众影响力

进入工业社会之后，专业化的需求与趋势已由工业逐渐遍及其他社会领域。博物馆在此宏观趋势下，内部存在着两种倾向，即社会化与专业化。两者看似矛盾，实则相辅相成，博物馆专业化是社会化的基础和前提，社会化则是专业化的结果与目的。因此，博物馆公众影响力的提升也必然要以博物馆专业化的推进为基础展开。而博物馆的专业化发展则由以下几个方面构成：

第一，博物馆业务专业化。主要指对藏品研究、陈列信息传播、相关活动策划及拓展产品开发的专业化。只有专业化的藏品管理与研究才能使藏品长期处于良好状态并使其内在信息得以充分挖掘，为藏品的利用奠定基础；只有专

业化的博物馆陈列设计才能使展示的信息有效地传递给公众，使公众在参观中有所收获；只有专业化的博物馆教育活动才能使公众真心沉浸其中，产生互动，被感染与影响。而博物馆业务的专业化则需引进博物馆学专业以外的相关专业人才，使其在各自的岗位上发挥自身的专业特长和创造力。

第二，博物馆学研究的深化。博物馆实践工作需要博物馆学的理论引领，引导发展思路，指导具体实施方案。博物馆学体系庞杂，就博物馆公众影响力提升而言，博物馆公众研究是一项关键内容，主要涉及公众心理学、行为学、公众调查等方面。在博物馆只有掌握自身公众构成、特点及需求，才能根据其特点与需求，调整自身定位与陈列主题，升华信息内涵，完善服务内容。

第三，博物馆的专业化战略。一家博物馆，即使是大型综合性博物馆，其业务活动也不可能面面俱到。因此，每一家博物馆都应制定自身的专业化发展战略，有意识地突出自身优势。对于所谓行业博物馆或专题博物馆而言，它们的专业化战略是先天形成的。而对于大型综合性博物馆来说，则必须通过一定路径找到自身专业化战略的基点，或基于特色藏品群，或基于特定宗旨，或基于特殊定位，或基于服务特殊人群，或基于某项特色服务，以此构成自身具有某种“垄断”意味的优势。

从公众对博物馆影响力的认识来看，博物馆只有实现专业化，才能满足公众的需要，培育出较高的公众的忠实度和满意度；而公众对专业化博物馆的忠实与满意，又会促进博物馆专业化的深入发展，进一步扩大对公众的影响，从而形成博物馆公众影响力发展的良性循环。

四、锤炼陈列，以精品提升博物馆公众影响力

博物馆的社会职能是通过向社会公众提供一系列“产品”来实现的。其“产品”包括陈列展览、讲座、特殊教育活动、出版物等，而“核心产品”则非陈列莫属。陈列是联系博物馆与公众的平台，也是实现博物馆社会教育职能的基础性载体。博物馆陈列的品质及对公众的吸引力与感染力，可谓是博物馆公众影响力形成最为直接的因素。

1. 陈列内容：公众影响力的核心因素

陈列内容通常构成一个陈列社会影响力的基础，也是博物馆凝聚观众忠实度和满意度、打造品牌形象的核心因素。某种意义上，各家博物馆公众影响力的差异是由其陈列内容得失而造成的，若失去陈列内容在主题与展品上的独特性，必然导致公众关注度的流失。

公众对博物馆的兴趣源自陈列内容，因为内容直接对应着观众的需求与欲望。因此，博物馆在进行陈列提升时应注意两个原则：第一，博物馆陈列内容必须能够使观众某方的需求得到满足，即内容必须具备“有用性”，而这种“有用性”可以是知识性信息的获取，也可以是娱乐休闲的体验等；第二，博物馆陈列内容在主题选择上至关重要，主题的选择需尽可能对某部分公众产生深层次的影响，或是一个大部分公众都有兴趣的议题。

2. 陈列形式：提升公众影响力的必要手段

博物馆除需设定“有用性”的陈列内容外，陈列形式设计中特色的体现、鲜明度、时空感营造、与主题的呼应关系都已成为博物馆亲近观众、吸引参观的必要手段。良好的内容设计是陈列魅力展现的基础，而在此基础之上还需独具匠心的形式设计加以呈现。形式设计可将内容最鲜明的特色和个性凸现，营造适于公众观展的氛围，有利于快速建立陈列内容与观众之间的联系，从而将信息尽可能有效传达给观众，实现对观众观念及行为上的影响。

博物馆通过陈列形式提升陈列吸引力时，须把握如下原则：第一，形式服务于内容，满足内容在表达和可视化方面的诉求，根据内容需求进行特定的形式设计。因此，形式设计人员首先需要细读陈列大纲及脚本，了解内容设计意图及陈列重点、关注公众需求，并找到两者的联结点，以达到最佳的信息传播效果。另外，形式设计所采用的各种表现手法，是以内容信息传达为基础的，要科学而准确地表达陈列内容，适度运用声光电等辅助手段，实现内容设置与形式表现的平衡，使外在形式与内在实质之间实现真正的统一。第二，以形式设计体现内容特点。把握并体现特点是突出陈列主题，实现博物馆影响力提升的必要条件。博物馆依靠陈列特色形成的影响力将在公众中形成吸引力和良好口碑。因此，形式设计环节应积极开发创新元素并设置点亮，融入该馆的文化特色及理念以体现内容的特质。此外，还应加快陈列的改陈周期，并适度增加临时陈列，以持续吸引公众，维护博物馆影响力的持久性。

参考文献

1. 郭长虹．哈贝马斯的交往行动理论与博物馆社会影响力研究[J]. 中国博物馆，2008(3).

2. 史吉祥，郭富纯．2002博物馆公众研究——以旅顺日俄监狱旧址博物馆为例[M]. 长春：吉林人民出版社，2003.

基于博物馆教育项目的观众研究
——以中国铁道博物馆《火车探秘》为例

姜冬青

一、研究背景及目的

博物馆观众研究狭义来说，通常指的是对观众构成、心理、行为、需求、影响方式等的研究。观众研究的目的在于获取观众的相关信息，从而有针对性地进行展览或教育项目设计及博物馆规划等工作，通过与观众进行有效沟通和交流，为观众提供其所需的服务，以发挥博物馆的社会教育职能。

一个没有观众的博物馆，是没有生命力的。博物馆相对于观众而言，它起的是一种内在沟通和社会实践活动的作用，或者说，广大观众如何使用博物馆，观众在博物馆的参观过程，实际上是在特定的文化氛围和特定的群体关系中的一种响应行动和认知过程，因此，以观众为核心，是博物馆保持活力的唯一通道。博物馆要有效地了解观众的不同心理需求，就必须创造一个专业的氛围，打破博物馆和观众之间的障碍，让他们积极认同并参与其中，共同分享，并积极保护和传承博物馆带给他们的物质和精神财富。为了达到这个目的，博物馆需要从市场、教育、引导和观众服务等多个方面为已有的和潜在的观众提供不同的博物馆体验。

随着社会物质生活的极大丰富，人们的工作、生活和学习等行为方式发生了巨大变化。这些变化不仅对成年人的教育行为产生了重大影响，而且对少年儿童的成长和发展也带来了深刻影响。具体而言，组织变革和市场竞争给身在

[作者简介] 姜冬青，中国铁道博物馆社教部。

职场的成年人带来较大压力的同时，也给少年儿童身心发展带来了多重影响；网络信息提前将儿童带入纷繁复杂的成人世界，深陷众多负面信息的侵袭；知识爆炸和资讯发达在为人们的工作和生活带来便捷和高效的同时，也令学校的老师、学生的家长陷入无所适从的“迷茫”状态；食品、交通、人为伤害等安全事故频发……上述时代变迁所带来的变化，意味着观众教育环境日益呈现出复杂性和多变化的态势。这一现状对博物馆教育提出了前所未有的挑战。博物馆作为承担社会教育责任的公益性文化机构，应自觉洞悉时代变迁的发展轨迹，科学认知社会教育环境的变化特点，结合公众教育的盲点和契合点，发挥博物馆教育的优势资源，积极采取有针对性的教育项目，以促进观众，特别是少年儿童的综合素质教育和全面健康发展。

然而，在以互联网为代表的新媒介在世界范围内的快速推进，今天的观众已不再是游走于不同媒介之间的读者、听众和观众，也不再是单纯的信息接受者 ，如何从心理学和社会学等多个维度全面描述观众所扮演的各个角色，分析观众的特点，把握观众所发生变化的规律，探索出最大程度的满足观众需求的展览或教育项目，已成为博物馆观众研究的一项重要任务。相较于国际上的发达国家，国内的观众研究尚属于初级阶段，所以无论是学术论文还是博物馆界的观众调查，多仅限于对参观人数的统计，观众特性的描述，观众满意度的调查。诸如观众与教育项目的互动，对教育项目主题的认知，参观行为与学习行为等的调查，少之又少。因此为了解观众在博物馆里关注什么、做了什么、怎样学习和学到什么，以参与中国铁道博物馆《火车探秘》教育项目的观众为对象，进行以上的探索性研究。

二、《火车探秘》教育项目

《火车探秘》教育项目是中国铁道博物馆机车车辆陈列厅从 2005 年至今于每年 5 · 18 国际博物馆日开展的一系列互动体验式教育项目。

《火车探秘》根据机车车辆陈列厅内不同时期、不同型制的各类机车、车辆为项目资源，设计了“开火车”的教育项目。通过登上蒸汽机车、内燃机车、电力机车、动车的司机驾驶室，体验火车的开行技术，认知铁路不断变革的技术进步，探究各类机车的运动原理及发展脉络。除“开火车”外，“猜火车”、“拼火车”、“观火车”、“赛火车”、“演火车”等教育内容是铁道博物馆根据展厅的文物展品、教学教具、沙盘模型、表演剧场等设备、设施设计的传统探秘项目。“猜火车”是针对年龄较小的观众设计的通过观察各式火车的外观、结构，按照火车的设计特点设计的教育内容。目的是锻炼儿童的观察力；“拼火车”是以铁道博物馆自主研发的适合不同年龄阶段儿童拼装的火车教具为活动过程，通过拼装难易程度不同、数量不等的系列火车拼图，培养儿童的注意力和耐受力；“观火车”通过沙盘模型的动态演示，表现“车轮”和“铁轨”的关系以及“空气”与“压强”的关系，说明列车是如何实现安全转弯以及火车站台上为什么要设置一米以外安全线等问题；“赛火车”通过观众在博物馆提供的沙盘基座上亲手搭建铁路轨道，动手遥控机车模型的运转、行车，演示接发列车、列车编组、行车会车的全过程运转。将科普与游戏有机地结合在一起，旨在提高观众的兴趣。“演火车”让观众在表演剧场参与到不同科普剧的演出当中，通过互动、表演，让观众了解剧情当中的铁路科技知识，加深观众对科学现象、科学原理、科学实验、科学知识的理解与记忆。2013 年 5 月 18 日，应观众要求探秘系列新增加了“画火车”的项目内容。“画火车”是让观众在机车展厅内自主选择心仪的火车，以绘画的多种技法表现各式机车的古朴美与机械美。通过绘画这种艺术形式，将科普与艺术有机地结合在一起，彰显火车这一工业文明产物的雄壮美与具有较强视觉冲击力的震撼。《火车探秘》系列教育项目灵活多样，根据不同观众对象，可只开展一、二项，也可数项同时开展。具体情况根据活动规模和观众需求而设定。

表 1　　**《火车探秘》教育项目适宜人群**

项目名称	猜火车	开火车	拼火车	观火车	赛火车	演火车	画火车
适宜人群	幼儿及小学低年级	小学生以下、中学及成人	幼儿及小学生	小学高年级、中学生及成人	小学高年级、中学生及成人	中学生及成人	中学生及成人
适宜年龄	3–6 岁 7–9 岁	4–6 岁 7–18 岁 18 岁以上	3–6 岁 7–12 岁	9–12 岁 13–18 岁 18 岁以上	7–12 岁 13–18 岁 18 岁以上	10–18 岁 18 岁以上	10–18 岁 18 岁以上

三、研究方法

以“观众为核心”的博物馆才是具有稳定观众群的可持续发展的博物馆。博物馆在规划、执行及策划教育项目时，应融入各阶层观众的需求、兴趣及不同年龄、不同背景观众的观点，为观众创设多种丰富多彩的体验活动，增加观众思想和活动上的参与性，针对不同特别目标群体建立不同的沟通交流网络，以提高观众参与教育项目的人数数量。为此，本文采取问卷调查的方式将调研数据录入，然后通过 EXCLE 表格工具进行整理，描述研究变量，形成分析结论。

在问卷调查法、实地观察和统计分析方法的基础上，辅助文献查询及深度访谈法，得出基本数据、最终形成有效结论。

1. 问卷调查法：也称“书面调查法”，或称“填表法”。以参与“火车探秘”体验的观众为调查研究对象，通过在活动举行时现场发放问卷、询问和观察的方法，获取第一手数据资料。调查对象以随机调查和抽样调查的方式选取。调查涉及不同年龄、性别、职业以及家庭、零散观众、小型团体观众等多种类型观众。按照问卷填答者的不同，我们采取自填式问卷调查和代填式问卷调查。自填式问卷调查大多针对有一定文化层次的观众，现场发放现场回收；代填式问卷调查，主要针对上了年纪的老年观众、年龄较小的儿童观众以及需要帮助填写问卷的观众。在设计问卷的过程中，我们事先通过不同渠道，搜集了各种类型的调查问卷，并根据要达到的调查目的，设计问卷题目，在借鉴各博物馆调查问卷的基础上设计问卷内容。内容涉及：①观众的个人背景资料 包括：性别、年龄、居住地、受教育程度、职业及家庭收入。②主题问卷 包括：观众了解途径、目的、感兴趣的项目、满意度、纪念品消费情况以及对教育项目的意见和建议等。

2. 实地观察法：是搜集非语言行为资料的首选方法。我们根据教育项目实施现场，对观众进行的实地直接感觉的观察，掌握到观众在参观时的行为，包括神态、表情以及肢体语言等大量的第一手资料，为更好地解读观众的心灵密码做必要的分析和参考。

3. 统计分析法：我们通过对研究对象《火车探秘》项目观众的规模、范围、程度等数量关系的分析研究，认识和揭示观众与教育项目间的相互关系、变化规律和发展趋势，借以达到对观众现象的正确解释和预测的方法。世间任何事物都有质和量两个方面，认识事物的本质时必须掌握事物的量的规律。

4. 文献查询法。在资料收集、数据分析和提供解决方案过程中，科学的运用前人理论成果提高自身水平，大量使用中国知网、维基百科、中文期刊网以及馆藏相关文献和资料，为论文研究学术性提供了各种参考依据。

5. 访谈法：调查者与被访者通过口头交谈的方式了解调查对象情况的方法。访谈调查法要求访谈者不仅要做好访谈前的各项准备工作，而且要善于进行人际交往，与被访谈者建立起基本的信任和一定的感情，熟练地掌握访谈中的提问、引导等技巧，并根据具体情况采取适当的方式进行面谈。

调查者通过以上方法，在观众参加某项教育项目的空闲期，或参加完所有的项目之后进行调查。针对观众的配合调查，调查者向观众赠送小纪念品以示感谢。从 2010 年开始，铁道博物馆利用每年 5 · 18 国际博物馆日，向参与火车探秘的 300 名观众发放调查问卷。经现场回收调查问卷 4 年的平均回收问卷 277

份，回收率达到 92.4%（见表 2）。在观众参与探秘活动时，调查者则对相较于自己位置较近的观众，作为目标观众采取实地跟踪式的观察方法，对观众的行为、举止进行观察。同时用计时器记录下观众参与某一项活动的时间。每位调查者以每人每日对 5 名观众进行跟踪调查及对这 5 名观众参与各项目的用时进行记录。3 位调查员于 2013 年 5 月 18 日当天共观察记录了 15 位观众参与某项或数项活动的用时。其中，13 位观众参与了“开火车”的项目，平均用时 16 分钟，平均观众率 85%；“猜火车”项目共参与 8 人，平均用时 15 分钟，平均观众率 55%；“拼火车”共 11 人参与，平均用时 10 分钟，平均观众率 70%；“观火车”共 9 人参与，平均用时 6 分钟，平均观众率 63%；“赛火车”共 12 人参与，平均用时 3 分钟，平均观众率 79%；“演火车”共 6 人参与，平均用时 8 分钟，平均观众率 43%；“画火车”共 5 人参与，平均用时 25 分钟，平均观众率 33%（表 3）。与此同时，1 位调查员还选取了 10 名热衷于火车探秘项目的铁杆火车迷，进行深度访谈，并针对项目的设计与不足，认真征求他们的意见和建议。具体为：“开火车”项目观众满意度 90%，建议完善的 10%；“猜火车”项目观众满意度 70%，建议完善的 30%；“拼火车”项目观众满意度 80%，建议完善的 20%；“观火车”项目观众满意度 80%，建议完善的 20%；“赛火车”项目观众满意度 90%，建议完善的 10%；“演火车”项目观众满意度 60%，建议完善的 40%；“画火车”项目观众满意度 70%，建议完善的 30%（表 4）。

表 2　　2010—2013 年 5 月 18 日观众调查统计表（N=300）

年份（年）	2010	2011	2012	2013	平均值
回收数量（份）	276	270	275	287	277
回收率	92%	90%	91.7%	95.7%	92.4%

表 3　　2013 年 5 月 18 日实地跟踪观察统计表（N=15）

项 目	开火车	猜火车	拼火车	观火车	赛火车	演火车	画火车
参与项目观众数（人）	13	8	11	9	12	6	5
参与项目平均用时（分钟）	16	15	10	6	3	8	25
平均观众率	85%	55%	70%	63%	79%	43%	33%

表 4　　2013 年 5 月 18 日访谈观众对项目的评议（N=10）

项 目	开火车	猜火车	拼火车	观火车	赛火车	演火车	画火车
观众满意度	90%	70%	80%	80%	90%	60%	70%
建议完善	10%	30%	20%	20%	10%	40%	30%

四、研究结果及分析

从性别上以回收调查问卷男女比例上看，男性居多。分析这与项目内容涉及科学技术等工科内容有关。

表 5　　2010–2013 调查问卷各题统计表（N=277）

观众特性	项目	平均人数	百分比
性别	男	143	52%
	女	134	48%
年龄	20 岁以下	136	49%
	21–30	22	8%
	31–40	50	18%
	41–50	19	7%
	51–60	14	5%
	61 以上	36	13%
	合计	277	100%

结果显示：在观众特性上，男性观众的比例占总数的 52%；年龄小于 20 岁的观众比例占总数的 49%，说明火车探秘教育项目尤其受青少年的追捧，这和我们设计项目的初衷基本吻合（见表 1）。教育项目针对广大青少年活泼好动、好奇心强的生理及心理特点，设计注重体验的参与过程，让青少年在体验中探索、思考和学习。由此可见，探秘教育项目达到我们所预期的效果。

表 6　　居住地与受教育程度（N=277）

	项目	平均人数	百分比
居住地	北京市	185	67%
	外省市	64	23%
	港澳台	11	4%
	国外	17	6%
受教育程度	小学及以下	99	36%
	初中	33	12%
	高中及中专	28	10%
	本科及大专	64	23%
	研究生（含）以上	53	19%
	合计	277	100%

结果显示：观众居住地以北京市居民为主参观人数占 67%，外省市到馆参观者占总人数的 23%、港澳台及国外游客分别占 4%和 6%。因探秘活动的主要对象是面向青少年，因此在活动中幼儿、小学、中（专）学生占到总人数的 48%，各高校的大专、本科及研究生（含）学生占 32%；其中初中、高中学历的家长占 8%，大专、本科及研究生（含）以上学历的少儿学生的家长占 12%。

表 7　　　　　　**观众职业与家庭收入**（N=277）

	项　目	平均人数	百分比
职　业	国家机关	19	7%
	科教文卫	25	9%
	国有企业	28	10%
	外资企业	17	6%
	民营企业	22	8%
	部队	14	5%
	农业生产	3	1%
	进城务工	5	2%
	学生	133	48%
	其他	11	4%
家庭收入（元 / 月）	3000 以下	28	10%
	3000–6000	108	39%
	6000 以上	141	51%
	合计	277	100%

结果显示：观众职业以国家机关、企事业单位、外资及民营企业和学生的比例较高。家庭收入以 3000–6000 元以及 6000 元以上者居多。

表 8　　　**观众参观形态与参观目的**（N=277）

	项　目	平均人数	百分比
参观形态	独自	8	3%
	家庭	47	17%
	朋友	44	16%
	旅行社	42	15%
	学生团体	100	36%
	幼儿园	25	9%
	其他	11	4%
参观目的	休闲娱乐	81	29%
	无特殊的目的	7	3%
	陪同他人	38	14%
	充实知识	136	49%
	其他	15	5%
	合计	277	100%

结果显示：观众的参观形态多以家庭、朋友、旅行社组团、学生团体为主要观众群体，其中幼儿园团体参观也占到观众总数的9%。同时数据显示，占49%的参观目的为充实知识；占29%的观众参与项目是为了休闲娱乐，14%的观众参与项目是为了陪同他人，另有5%和3%的观众不是以受教育为目的。这与传统博物馆参观理念受教育发生了观念性的变化。

表9　　观众感兴趣的项目与认为需深度开发的项目（N=277）

	项　目	平均人数	百分比
感兴趣的项目	开火车	238	86%
	猜火车	172	62%
	拼火车	191	69%
	观火车	194	70%
	赛火车	205	74%
	演火车	136	49%
	画火车	94	34%
建议深度开发的项目	开火车	0	0
	猜火车	8	3%
	拼火车	14	5%
	观火车	11	4%
	赛火车	3	1%
	演火车	25	9%
	画火车	19	7%

结果显示：开火车、猜火车、拼火车、观火车、赛火车的观众都达到60%以上，演火车和画火车因参加场次及适宜活动的技能性反映出观众人数受限，因此建议完善及深度开发。这与进行面对面的访谈形式进行调查的结果大相径庭。

表10　　获取信息的渠道以及倾向的体验方式（N=277）

	项　目	平均人数	百分比
获取信息的渠道	朋友介绍	69	25%
	互联网	64	23%
	电视、广播、报刊杂志	53	19%
	各类年票	58	21%
	其他	33	12%
倾向的体验方式	近距离接触	36	13%
	动手做	78	28%
	科学实验	47	17%
	竞技比赛	61	22%
	角色扮演	30	11%
	艺术创作	25	9%
	合计	277	100%

结果显示：观众获取博物馆信息的渠道，主要为听朋友介绍、互联网、各类年票、电视、广播、报刊杂志；观众在博物馆的体验活动更多的倾向于动手做、竞技比赛以及科学实验来丰富自己的体验经历。

表 11　　**希望提供的服务及购买的商品**（N=277）

	项 目	平均人数	百分比
希望提供的服务	图书、音像制品	55	20%
	特色纪念品	86	31%
	餐饮服务	72	26%
	专题讲座	39	14%
	其他文化活动	25	9%
希望购买的商品	火车模型	58	21%
	益智玩具	89	32%
	纪念图（票）册	53	19%
	图书	47	17%
	其他	30	11%
	合计	277	100%

结果显示：观众在希望提供的服务方面，特色纪念品占 31%、餐饮服务占 26%、图书、音像制品占 20%，专题讲座占 14%，其他文化活动占 9%；在希望购买的商品方面，火车模型、益智玩具、纪念图（票）册、图书分别占 21%、32%、19%和 17%。

表 12　　**观众在馆里的停留时间**（N=277）

	时 间	平均人数	百分比
观众的停留时间	1 小时以内	155	56%
	1–2 小时	89	32%
	2–3 小时	28	10%
	3 小时以上	5	2%
	合计	277	100%

结果显示：观众在馆里停留的时间 1 小时以内占观众的 32%，1–2 小时占 56%，2–3 小时占观众的 10%，3 小时以上只占 2%。

表 13　　　　　**意见建议（开放题）(N=277)**

	项　目	平均人数	百分比
意见建议	猜火车建议增加配套挂图	8	2.8%
	火车探秘教育项目非常适合青少年，我们很喜欢	35	12.6%
	观火车项目，重在把深奥的科学原理进行通俗的解读。建议再增加一些知识点的解读。	4	1.4%
	建议把“画火车”开辟成为工业文化遗产——火车的绘画课，并将其作为大学工业设计专业的教育课堂。	12	4.3%
	演火车参与活动的人数有限，建议扩展内容尽可能安排更多人参与。	6	2.2%
	建议有关探秘项目的介绍应印刷成折页便于观众取阅	7	2.5%
	建议增加餐饮服务	9	3.2%
	交通不太方便，不好找。	5	1.8%
	厕所距离展厅远，应在展厅内部设立厕所。	3	1.1%
	合计	89	31.9%
	缺项		
	合计	277	100%

结果显示：观众的意见和建议恰恰记录了观众对于火车探秘教育项目的深切关注，在此问卷调查中，表扬意见 35 条，批评意见 8 条，建议 49 条。

五、结论与建议

以上数据显示了 2010—2013 年 5 · 18 博物馆日开展火车探秘教育项目观众调查的数据情况。从心理学的角度讲，行为是心理活动的外化，观众对教育项目的好恶，对博物馆提供服务的满意程度，必将一言一行、一举一动上有所体现，在观众未觉察的前提下跟踪观众的行为信息，如喜好的项目，及在各单一项目所用时间，是比较客观的调查方法。分析整理上述信息就可以客观评价教育项目的受欢迎程度及其是否令观众满意。分析结果不仅是评判教育项目的依据，还可做出下一年度探秘活动的热点项目趋势，及项目的完善、补充与项目更新。

博物馆开展各项工作的目的是为社会服务，观众在博物馆里的参观体验及对博物馆的满意度应成为博物馆设计教育项目的前提和基础。了解社会与观众对博物馆开展教育项目的评价，对博物馆的期待与要求，通过对观众进行调查研究不失为一个切实可行的好方法。调查既帮助博物馆人了解观众对博物馆的态度、行为及对博物馆服务的期望，获得观众对博物馆的基本看法，研究用来帮助了解观众的感觉、动机、计划、信念及个人背景等，因此做好观众调查问卷的设计是非常重要的。

从表 1、表 2、表 3、表 4 中我们可以得知，《火车探秘》是一项适合青少年及其他年龄段的具有广泛参与性的系列互动体验式教育项目。据 2013 年 5 月 18 日实地跟踪观察统计表统计，85%的家庭观众都要上车体验“开火车”的乐趣。亲自体会一下作为火车司机的自豪感受。从这一数据统计结果可以看出，“开火车”是最受观众喜爱的教育项目之一。其次是“赛火车”和“拼火车”，两个项目的观众率均达到 79%和 70%，足以说明项目的受欢迎程度。从对观众的深度访谈调查中可以看出，所有探秘项目观众参与程度均达到了 60%以上。

据表 5 至表 7，从年龄、性别上看，参加探秘的学生居多，男性居多；从居住地和受教育程度来看，以本地家庭和外地游客居多，受教育程度除占大多数 18 岁以下的学生外，参观者普遍为大专、本科及研究生以上学历为主，这说明学生、少儿家长以及离退休人员仍然是参观的主要人群，观众教育程度的提高，说明铁道博物馆的教育项目受到广泛的社会关注；职业以国有企业、科教文卫、国家机关居多，民营企业、外资企业、部队次之；从到馆参观的学生或家长的家庭收入来看，呈现出家庭收入越高，来博物馆参观就越多的倾向。

从参观形态与参观目的表 8 上看，幼儿园、学生团体以及独自专程来的观众参加探秘活动属于充实知识型观众；旅行社及陪同家人、亲戚、朋友一起来的属于休闲娱乐型观众。对这部分观众来说，参与探秘活动被看做是一种可以和家人、亲朋一起进行的休闲享受，这是他们的参观目的，相对于这个目的而言对增长知识就显得没那么重要了。

表 9、表 10 从观众感兴趣和建议深度开发的项目以及获取信息的渠道综合来看，观众在体验和参与的过程中，低龄儿童以近距离接触、动手做为喜爱项目，在校学生以科学实验、竞技比赛和角色扮演为热衷项目，成人大多喜爱参与到细致观察、解释原理等互动项目中。听人介绍、互联网、各类年票、电视、广播、报刊杂志是观众来馆参与活动的主要渠道；动手做、竞技比赛、科学实验成为观众参与博物馆体验的主要项目。

表 11 中说明观众对博物馆文化产品及文化服务的需求，预示着博物馆设计出既具铁路文化特色，又符合观众需求的文化旅游纪念品是博物馆保持自身独特文化魅力的有效宣传品。

表 12 观众在博物馆的停留时间预示着观众参与教育项目的时间，应有所限制。一般最佳参观博物馆的时间控制在 1 小时左右，时间过长会产生视觉疲劳。因此，设计教育项目平均以不超过 30 分钟为宜。年龄越小，越需缩短项目时间。

表 13 提示着观众对“火车探秘”系列活动的关注，便于我们获知观众的希

望和期盼，为我们改善和提升今后博物馆的服务行为提供有针对性的指引。

从调查问卷的数据中，我们知道，通过朋友介绍在博物馆观众中占有较大的比例。在国内的一些博物馆，观众的激增是因为此馆新近引进了一项特别的展览，或开展了某项有意思的活动。因此，不定期地开展一些主题活动，是博物馆保持旺盛生命力、持续保持观众兴趣的一项好做法。要做到火车探秘项目得以持续、有效地拓展，笔者认为应解决好以下两个问题：

1. 拓展教育项目的主题

铁道博物馆教育项目应强调铁路科技教育与爱国主义教育的主题。铁道博物馆以铁路史教育及铁道科技教育推广为主，兼顾休闲娱乐、研究和文化传承等特色。经研究发现，铁道博物馆观众对于参观目的、发展特色、功能及学习预期成果主要以铁路知识学习为主，多数观众希望在充实知识的基础上兼顾休闲旅游以增加娱乐性，及增加铁路文化与人文关怀的内涵。所以，在教育项目的策划上，应强调多元学习，避免观众感觉展览陈旧，教育项目单调，不吸引人。应增加形式更加多样、项目更加灵活的科学与人文并重的教育项目的策划。

一个出色的博物馆应该参与到更多的互动当中去，其中包括与城市的互动、与政府的互动、与公众的互动。博物馆在注重文化软实力的同时，致力于打造拥有丰富纪念品的温馨的观众家园。观众在典雅的文化园区里，细细品鉴着文化与艺术的经典作品，精心设计的教育项目也更加符合观众深层次的精神需求，符合人们对自身素质教育的需要。

2. 有效提升观众的参观兴趣

鉴于火车探秘教育项目的参与者，有将近一半数量的是学校学生，因此增加各项软、硬件设备、设施是设计开发教育项目的有效保证。研究发现，观众对于博物馆操作式及互动式科技设施比较感兴趣，尤其以学生观众及家庭观众为主，互动式的多媒体演示展品也更容易拉近博物馆与观众的距离，从而达到寓教于乐的目的。

美国的可口可乐博物馆有三个电影院，其中包括一个四维影院，馆藏版生产流水线，艺术大师安迪·华霍的“流行文化长廊”以及一个美味吧。在惊险刺激的4D快乐工厂影院内，游客可以体验可口可乐的秘方探索之旅。馆藏版的生产流水线可以生产可口可乐，但比起真的生产线要慢很多，目的是让观众体验生产可口可乐的全过程。观众可以沿着生产线一直走到“装瓶工坊”，亲眼所见可口可乐是如何制成的，还有生产线上刚刚下线的可口可乐作纪念，观众可根据自己的爱好选择不同的图案把它用机器画在可口可乐的瓶子上，而这个过程完全是自己动手操作的。受其启发，铁道博物馆是否可以用老式的硬板客票机，根据观众的参观需求，现场打印出登乘老式火车的火车票呢？答案是肯定的。只要我们把博物馆教育项目的拓展着眼于观众乐于参与的好项目的设计和规划上，通过有效的公共传播一定能创造出更多易于观众接受的、兴趣度高的教育项目。

参考文献

[1] 乔治 E · 海因 . 学在博物馆 [M]. 李中，隋荷，译 . 北京：北京燕山出版社，2010.

[2] 丹尼斯 · 麦奎尔 . 受众分析 [M]. 刘燕南，李颖，杨振荣，译 . 北京：中国人民大学出版社，2006.

[3] 郝国胜，黄琛：(2003–2006) 中国国家博物馆观众研究 [M]. 北京：中国大百科全书出版社，2008.

[4] 吕军，唐淼：辽宁省博物馆 2007 年度阶段观众调查报告 [J]. 辽宁省博物馆馆刊：第 2 辑，2007.

[5] 史吉祥 . 博物馆观众调查的几个问题 [J]. 中国博物馆，2000（1）.

[6] 续颜 . 自然博物馆目标观众研究 [J]. 中国博物馆，2007(1).

[7] 庞雅妮 . 观众调查方法在中国博物馆工作中运用现状之检讨 [EB/OL].http://www.hylae.com/list.asp?id=314.

[8] 郝大海 . 社会调查研究方法 [M]. 北京：中国人民大学出版社，2005.

附：中国铁道博物馆观众调查问卷

亲爱的观众朋友：

您好！为了更好地发挥中国铁道博物馆在宣传展示和社会服务方面的作用，我们希望能够通过您对这些问题的回答，提高我们的工作质量，我们会认真考虑您的意见和建议。非常感谢您对我们工作的配合和支持！

请您依据您的真实情况和想法填写问卷，并在您同意的选项上打"√"，谢谢您的合作！

一、您的个人背景资料

1. 您的性别：① 男　　　② 女

2. 您的年龄：

① 20 岁以下 ② 21—30 ③ 31—40 ④ 41—50 ⑤ 51—60 ⑥ 61 岁以上

3. 您的居住地：＿＿＿＿＿＿省＿＿＿＿＿＿市（县）

4. 您的受教育程度：

① 小学及以下　② 初中　③ 高中及中专　④ 本科及大专　⑤ 研究生（含）以上

5. 您的职业属于：

①国家机关　②科教文卫　③国有企业　④外资企业　⑤民营企业　⑥部队　⑦农业生产　⑧进城务工　⑨学生　⑩其他

6. 您的家庭月收入：

① 3000 以下　② 3000–6000　③ 6000 以上

二、主题问卷

1. 您今天和谁一起参与活动：

①独自　②家庭　③朋友　④旅行团　⑤学生团体　⑥幼儿园　⑦其他

2. 您参与活动的主要目的是：(可多选)

①休闲娱乐　②无特殊的目的　③陪同他人　④充实知识　⑤其他

3. 您比较喜欢《火车探秘》的哪些项目：(可多选)

①开火车　②猜火车　③拼火车　④观火车　⑤赛火车　⑥演火车　⑦画火车

4. 您觉得那项教育项目需要深度研发？

①开火车　②猜火车　③拼火车　④观火车　⑤赛火车　⑥演火车　⑦画火车

5. 对于教育项目的体验方式，您更倾向于：

①近距离接触　②动手做　③科学实验　④竞技比赛　⑤角色扮演　⑥艺术创作

6. 您是通过什么途径知道铁道博物馆《火车探秘》教育项目的：

①朋友介绍　②互联网　③电视、广播、报刊杂志　④其他

7. 您希望博物馆在展览之外还应提供的服务是：

①相关图书及音像制品　②特色的纪念品　③餐饮服务　④专题讲座　⑤其他文化活动

8. 您对服务部的那些商品比较感兴趣：______________

9. 您在本馆停留的时间：

① 1 小时以内　② 1–2 小时　③ 2–3 小时　④ 3 小时以上

10. 您是否还会再次参与体验项目：①会　②不会　③不知道，有可能

11. 你对《火车探秘》教育项目有哪些意见和建议？

您的联系电话（自愿）：______________

在博物馆展现“非遗”形式的探索

——就讨论《傩戏神韵——中国傩戏傩面具艺术展》所引发的思考

艾　晶

2012 年 8 月 19 日，本人应北京博物馆陈列设计委员会之邀，参加了中国国家大剧院《傩戏神韵——中国傩戏傩面具艺术展》的学术研讨，我们一行人在展览主办方的带领下，参观了整个展览，还饶有兴致地观看了展厅内临时剧场里演出的精彩贵州地方傩戏。整个展览给我们的视觉印象强烈，带有很浓的民族地域色彩，展览还运用了一些与观众形成互动的设计元素，有节奏地穿插在展览其间，形式布局活泼而疏朗，内容丰富且内涵深厚，再加上鲜活的动态演出形式，让整个展览充满古老神秘的神韵，又现代感十足，观众能在视觉极大愉悦的同时了解傩文化的艺术发展历程。静态的展览形式与动态的演出形式也相得益彰，在国家大剧院里举办此展览也显得十分得体和相宜，为宣传和保护非物质文化遗产又添佳作。其崭新的陈列在随后的学术研讨活动中，也得到专家们的一致好评，探讨的诸多观点引人思索，现将主要内容与个人所思一并归结如下：

一、博物馆搞“非遗”展览重在发挥自身优势

从 2003 年联合国教科文组织《保护非物质文化遗产公约》问世以来，截至

［作者简介］艾晶，中国国家博物馆。

目前我国已经成为世界上入选世界非物质文化遗产项目最多的国家。虽说非物质文化遗产概念在我国引入相对较晚，但已经得到了迅猛发展，目前还形成了保护热潮，国务院也于2006年起将每年6月的第二个星期六定为我国的“文化遗产日”。至此各博物馆也纷纷推出与非物质文化遗产保护相关联的各种展览形式。但如何做好此类型展览，目前从理论研究到实践积累上还不够成熟，还需要博物馆界同仁们共同努力探索。

博物馆的生命力就在于要有自己的特色，在不同博物馆里做“非遗”展览，即便是题材相同其展览形式也需要寻求差异变化。国家大剧院为我们提供了一个很好的范例，从2008年6月至今，它已成功举办了近130场次的展览，从展览选题到制作形式，无不借用了歌舞剧院的表演与演出形式做依托，已经探索出展演相结合、视觉艺术与文化历史之间形成桥梁与纽带作用，印上鲜明的国家大剧院特色，特别本次与非物质文化遗产保护形式结合，将国家对非物质文化遗产的保护理念与本馆演出形式结合推出《“傩戏神韵”展——中国傩戏傩面具艺术展》，以及在2010年举办的《“高山流水”——古琴艺术展》，皆很受公众好评，展览与演出活动配合紧密，古琴的演出，当时一票难求火爆京城。演出剧目与博物馆展览各取所长优势互补，用老百姓所喜闻乐见的传统文化形式与挖掘非物质文化遗产的展览形式结合，体现出综合效力，令鲜活的艺术形式更具生动与活力，同时又让经久不衰的历史文化得以传承，发挥了巨大潜能。展览设计风格也与国家大剧院自身匹配，色块运用既大胆又视觉冲击力强，充满浓郁的梦幻色彩，能形成独树一帜的特色。展览内容完整系统，主题分为：傩从远古走到今天、傩之韵味——傩戏艺术、傩之表情——傩面具艺术，从三个方面把傩戏的历史与表演形式和传承载体进行了归类梳理，既发挥了博物馆集保护、研究、传播艺术形式为一体的作用，又利用了大剧院演出的实际功能，方式值得推广。

另外，北京智化寺的文博交流馆、北京民俗博物馆、北京人民艺术剧院博物馆也皆具特色，在独特性上也都作了很多有益尝试，并取得一定经验成果，特别是北京湖广会馆的戏曲博物馆，在积极探索“动与静”两种艺术形式的相互结合上，运用馆藏发掘潜能，将博物馆静态的展览与每晚的戏楼演出相联系，寻找共同点和相似点，挖掘更多馆藏文物背后的历史故事，探索新的演出形式，将静态的文化与鲜活的剧目演出形成一体化运作模式，齐抓共管，相互配合综合利用，也为我们在博物馆保护和宣传非物质文化遗产发挥潜能探索出新路。

二、“文化遗产”与“非遗”概念的区分是关键

“非物质文化遗产”不是一个汉语概念，在现有的汉语概念体系中，可能无法实现对它的圆满解读。它的复合概念包括两部分内容：“非物质”和“文化遗产”，要弄清楚它的概念，我认为是博物馆搞好非物质文化遗产类展览的关键。根据联合国教科文组织公约的定义：非物质文化遗产 (intangible cultural heritage) 是指被各群体、团体、有时为个人所视为其文化遗产的各种实践、表演、表现形式、知识体系和技能及其有关的工具、实物、工艺品和文化场所。各个群体和团体随着其所处环境、与自然界的相互关系和历史条件的变化不断使这种代代相传的非物质文化遗产得到创新，同时使他们自己具有一种认同感和历史感，从而促进了文化多样性和激发人类的创造力。而按照中国民间文化遗产抢救委员会的定义，“文化遗产”指“人们所承袭的前人创造的文化或文化的产物”。根据以上界定，我们可以明确：非物质文化遗产是文化遗产的一部分。所谓“非物质文化遗产”，即是以非物质的方式传承下来的那部分文化遗产。而公约的概念强调了非物质文化遗产的重要部分是“各种实践、表演、表现形式、知识和技能及其有关的工具、实物、工艺品和文化场所”，即非物质文化遗产主要是通过实践、表演、表现形式、知识、技能等方式而存在。因此对非物质文化遗产概念的理解更多要突出它非物质的内容。苏东海先生也在《中国博物馆与无形遗产》一文中谈到：1. 博物馆是物的海洋，它对无形遗产（非物质遗产）进行科学保护最有力、最重要的机构。2. 无形遗产，它的内容是不可视的、无形的。只有通过各种介质或者物质载体，才能为人所感知。例如：舞蹈的内容只能通过人的肢体语言才能传达，传统工艺也只有通过实际流程才能展现。所以无形遗产被认识、被保护、被收藏有个物化的过程，是从无形到有形的过程。因此对“非遗”展览其展示内容既要有无形的，也要有有形的载体，要能体现出它载体的不同形式。这样在博物馆里搞“非遗”展览，就不能单一采用静态的模式，需要兼顾其他载体的配合，这样才能做好此类型的博物馆陈列。

三、博物馆优势的发挥旨在迎合更多观众的欣赏

观众的审美乐趣与他们是否能被吸引相联系，如果展览没有足够的吸引力，引不起他们的特殊注意与关注，自然也形成不了观众的喜爱与欣赏。虽然在博物馆搞“非遗”还是一个新课题。能得到我们广大观众的认可，展览的举办才能起到保护和传承非物质文化遗产的目的，没有观众的欣赏与理解是毫无意义

的事情。

博物馆作为公众文化的传播平台，也是体现民族精神最为集中的场所。在此搞“非遗”展览，设计者需要将其与反映民族精神的内涵联系在一起，需要对展览内容进行提炼和精神升华，无论从对内容的编辑，还是表现方式，都要经过设计者的深思熟虑才行。能否展现出“非遗”等艺术形式美的一面，吸引住更多观众前来欣赏，充分满足他们对美的追求对其文化内涵急于了解的渴望，才能实现对“非遗”的保护与传承。至于其艺术形式与内容晦涩难懂的一面，特别是与我们现代人生活脱节的方面，我们不能也不可小视，这往往也是展览能够吸引住观众最为重要的闪光点，只有充分考虑它，重视它的存在，并想方设法解决它和处理它，我们的观众才能够理解和认识“非遗”，只有他们真正走进了“非遗”展览的精神层面，才能够对它的艺术形式产生和发展有所掌握。另外，博物馆在展现“非遗”展览形式上，运用的视觉语言也不能曲高和寡、迎合一部分受过专业训练和受过高等教育的“小众”，更多还要为我们普通的老百姓着想，力求要让他们能够接受它和喜爱它才行。当然我们也不能将形式做得低俗，等同于普通的市井商业文化，这样就失去了博物馆文化殿堂的神圣感和文化引领作用。这就需要我们把握一个“适度”的原则，要对美的形式有足够的把握才行。只有当这些古老的艺术形式或技艺文化，通过我们适度的展现与广泛宣传时，它们才能得到很好的保护和传承，也才能被我们当代人所接受。虽然它们已经很多与我们的现今生活存在巨大差异，只要我们适度解读，会将它们拉近与我们普通观众的心理距离，这也是我们搞“非遗”展览能否成功的关键。

四、展示“非遗”展览形式的方法探索

虽然博物馆展览形式不能形成俗套化或固定模式，我也不主张博物馆之间相互套用模仿，这样只会让博物馆的展览陷入没有特色、没有新意、失去观众吸引力的僵局。但对于做博物馆展览的设计理念以及创新观念的认同方面，我们并不能完全排除会形成一致性的认识。

博物馆搞“非遗”展览，其形式需要去除其晦涩难懂的一面，要进行通俗化处理才能够被解读，要将展览内容进行延伸与梳理，才能形成条理性，只有这样展览大纲才能趋于合理，特别是需要对重点展示信息进行细致化分解，这样才能让“非遗”的展示内容便于理解，才能够更好地贴近观众生活。举个例子：会上北京博物馆学会常务副理事长崔学谙先生向我们讲了一件事情，上海民族

乐器博物馆以前光靠政府支持可以说举步维艰，一次他们在上海大剧院特邀“梁祝”的作曲家陈刚先生讲解二胡乐曲，先生一边弹奏，一边讲解，观众们无一不被其精湛的技艺与华美的乐曲所打动，尤其在老先生的细致讲解下，引发出对我国民族乐曲的巨大热爱之情，活动结束后观众纷纷自发去购买二胡，将其带回家视为艺术珍品来收藏。这次成功的探索活动，也为博物馆增添了活力，他们将演出形式与博物馆陈列结合，也为今后的博物馆发展探索出了新路。艺术的巨大感染力是通过鲜活的载体来推动，宣传形式与宣传力度需要我们博物馆人认真推敲与思考才行。

博物馆展览形式不仅需要表现内容来吸引观众，更需要在展示形式设计方面突出个性，让观众在欣赏中能读出与众不同与趣味感。当今社会是一个以数字化技术进行全副武装的时代，声、光、电与智能电子系统无时不存在于我们每一个现代人的生活当中。这也极大地拓展了我们博物馆展览的设计思路，将有形与无形的“非遗”展现，不再拘泥于物的单一展示，或相关图片、照片、说明文字的简单罗列，数字技术的巨大发展也让博物馆展示能力大大提高，能否运用丰富的设计语言，从某种程度上成为决定展览新颖与生动的关键因素，我们的观众到博物馆参观已经在认识上不再满足于过去对静物的单一欣赏，他们也需要更多博物馆的展示能给他们带来综合的艺术感官享受。正如美国的博寇先生在其著作《新博物馆学手册》一书中的描述，未来的博物馆发展必定是“综合法”阶段，也就是将认识上的观念与理念与对藏品物的追求进行综合的发展阶段。

我们在尊重我们的传统文化的同时，特别是非物质文化遗产的保护，不能只会进行原生态的原状复原与简单内容梳理，需要能运用新的博物馆学理念和艺术表现手法来反映传统。在保留原汁原味的古老形式的同时，又能在解读方式与方法上融入现代生活，这才能让我们的博物馆展览吸引观众，让“非遗”展览形式焕发出勃勃生机。

面对瓶颈的新思考
——遗址类博物馆在新形势下如何做好公众服务

曾 阳

2008年1月，中宣部、文化部、国家文物局等部门联合下发《关于全国博物馆、纪念馆免费开放的通知》后，我国博物馆界在对外服务方面迎来前所未有的发展空间。这一政策的实施，直接引导无数公众进入博物馆参观和游览，形成新的旅游高潮和热点，对传播古代历史知识、弘扬传统文化都起到积极意义。当时在颁布上述《通知》之时，出于对古代文化遗址的保护，使其具备可持续发展的能力，曾对全国遗址性博物馆做出特殊规定，即："文物建筑、遗址类博物馆暂不实行全部免费开放"。这一规定虽然对保护古建筑、古遗址具有一定意义，但在某种程度上也限制了该类博物馆的观众人数，从表面上看对博物馆的发展造成一定瓶颈。

前几日，有实行免票的博物馆同行问我："现在全国有那么多博物馆免费对公众开放，沈阳市内亦有好多家，而沈阳故宫还收较贵的门票，现在还有人去参观吗？"她的提问引起了我的思考。其实，现在沈阳故宫虽然实行售票制，但每年前来参观的观众人数却是逐年增加的。这就证明，门票并不是限制遗址类博物馆发展的唯一瓶颈。

那么，究竟是什么影响了公众走进博物馆？我们在再找问题之后，又该如何解决遇到的问题呢？

[作者简介] 曾阳，沈阳故宫博物院社教部主任、馆员。

一、门票并非是影响遗址类博物馆发展的因素

2014年，北京的一位记者在北京故宫博物院、首都博物馆、军事博物馆、自然博物馆、中华世纪坛、世界艺术馆门口和部分单位、社区、学校进行了关于博物馆观众的随机调查，共发放问卷150份，回收113份，获得有效问卷102份。经过数据的整理分析，记者有了一个“惊人”的发现——门票，并非是影响博物馆人数的主要障碍。

调查中，被问到“您怎样看待一般博物馆的门票价格”时，觉得“一点都不贵”的观众比例为8.8%，觉得“稍微有点贵，但还可以承受”的占33.3%，认为“适中”的占到40.2%，另有13.8%的观众认为“无所谓”，只有3.9%的观众表示“很贵，难以承受”。

从数据可以看出，认为票价高或不高的观众比例均不大。对多数观众而言，门票价格不是阻挡自己脚步的主要障碍。记者的现场采访也证明了这一点。在多数观众看来，是否购票的决定因素是展览质量和服务质量。由此可见，博物馆想要生存和发展，必须有吸引观众的展览内容和为观众提供优质的服务。

在沈阳故宫方面，我们也随机对入院参观游览的观众做了一些调查，得到的结果也是相同的。大多数观众反映说：不是很贵，一些风景区的门票，如泰山、黄山、华山等等，其门票均达到一二百甚至二三百元之多。因此沈阳故宫与这些单位相比较，还很便宜。只是能看到更多精品的展览才好。

因此，从这些实际调查的结果来看，一直认为的门票票价，并不是影响和制约遗址类博物馆发展的门槛。如何真正做好博物馆的“内功”，搞出精品展览，才是吸引和服务公众的真正源头。

二、利用遗址博物馆做好“三贴近”

在建设小康社会的历史进程中，在建设物质文明、政治文明、精神文明的伟大实践中，我们需要树立全面的、协调的、可持续的科学发展观，建立以人为本的发展理念。科学发展观和以人为本的理念是建立在历史唯物主义和辩证唯物主义基础上的价值取向，并伴随着整个民族思想文化素质的提高而发展。在这方面，博物馆作为人们终身学习的课堂，其宣传教育功能的充分发挥有着巨大的正面意义。推广博物馆、普及博物馆，彻底实现博物馆的社会化、大众化，是时代的需要，也是博物馆自身发展的需要。

贴近中国多数人的生活实际，贴近基层弱势群体生活实际，贴近社会中的

热点焦点问题，这就要求博物馆走出象牙塔，到生活实际中去，到广大群众中去，与之同呼吸，与之共命运，反映其呼声，满足其需求。这就要求博物馆调整自己的工作方式和服务方式，多办广大群众喜闻乐见的临时展览，并要走出去，把展览送到农村，送到工厂，送到学校，送到军营。讲解员可以利用展板照片为大家介绍博物馆的历史沿革及主要宫殿建筑特色等内容，充分发挥博物馆的宣教职能，让大家学习到历史和文物知识，树立文物保护意识。我们要建立这样一种意识，博物馆不能自诩阳春白雪、神圣殿堂，局限于为少数城市精英服务。要降低博物馆的“神圣性”、“精英性”，提高博物馆的普世性、大众性。推广博物馆，普及博物馆，要彻底地把博物馆变成大众文化场所，为全体大众服务，使博物馆成为人民群众的不可或缺的文化选项。

在中央电视台大型口述历史纪录片《百年小平》第一集中，小平同志身边一位工作人员讲了这样一个故事：20 世纪 80 年代小平同志视察北京前三门高层民居楼时，小平同志看到一户门上上了锁，就说，这种门锁设计不好，一看就知道屋里没人，不安全，要用暗锁。在视察一户住宅时，发现厨房太小，对身边工作人员说，以后要把厨房设计大一些，还要安个热水器，人们下班回来可以洗澡，省得到街上浴池去排队。小平同志作为伟大的革命家、战略家，以为他只考虑国家大事，世界大事，其实不然，对于老百姓诸如门锁、洗澡这样的小事，他也是如此关心。正是这些细微之处，体现了小平同志对普通百姓的深厚感情，体现了这位伟人博大的人文情怀。正如他本人所言：我是中国人民的儿子，我深情地爱着我的祖国和人民。从这里我们看到这位老革命家的心与人民群众贴得多近啊!

当前，博物馆工作正在贯彻中央领导同志提出的贴近实际，贴近生活，贴近群众（简称“三贴近”）的要求。贴近实际、贴近生活，最终要落实到群众上，落实到人上。因此，在贴近群众问题上，不仅要我们的展览，我们的工作，要符合他们的口味，符合他们的需要，重要的是我们的工作者要像小平同志那样，用心去贴近群众，贴近观众。这就要求我们的同志不仅要有火热的工作热情，而且要有一颗火热的心，服务观众、热爱观众，把观众当成自己的朋友，当成自己的亲人。然而，在实际工作中，这方面的差距还是不小的。

为观众提供优质服务应该是每一位博物馆工作人员职责所在。我们应该树立为观众服务的观念，以服务观众为核心，最大限度地为观众提供优质服务。陈列展览是一种文化产品，我们为观众提供的是一种服务，观众来博物馆参观就是接受这种产品，享受这种服务，博物馆与观众的关系就是商场与顾客的关系，这就要求我们的工作紧紧围绕观众这个“上帝”去做文章，更加注重服务的重要性，注重服务的效果。

我曾经在某博物馆目睹一位学生为看展品不经意地摸了展柜玻璃，结果遭到管理人员呵斥："把手拿开！"本来，高高兴兴来参观，冷不丁横遭棒喝，自尊心受到伤害，参观的兴致便荡然无存。这种现象的发生恐怕不是个别的。管理人员的严厉态度可能是出于保护文物的责任，但是这种对人的尊严不尊重甚至蔑视的态度，与以人为本的理念背道而驰是不能接受的。首先，这种行为破坏博物馆作为文化教育机构的文明形象和良好声誉；其次，对观众心理伤害造成的影响不仅是一场参观，其负面的阴影可能会变成观众通向博物馆的路障；第三，不尊重别人的人，自己很难得到尊重，反映了职业道德的缺失。

《国际博物馆协会职业道德准则》要求，"博物馆专业人员应以有效、礼貌的方式与观众进行交往"，"无论在公开场合还是在私下，永远保持礼貌谦恭"。博物馆的文化性格，就是教育、文明、服务、和谐、交流，而绝不是粗暴和无理。博物馆要文明服务，关键是要有爱心，要热爱工作，热爱观众。像小平同志那样，满怀感情地贴近群众，关心群众，哪怕是一个动作，任何细微之处，都要体现我们良好的道德风尚，使博物馆成为广大观众永远喜爱的文化家园。

三、充分发挥遗址类博物馆的特色

博物馆是文物及相衍生的文化赖以生存的最基本的有型空间。有型空间里的物（展品）与人（观众）是博物馆发展的两大基本因素。博物馆展览内容是否新颖、形式是否多样是吸引观众的核心因素。近年来，随着人们生活水平的提高，广大群众对精神文化的需求也越来越丰富，人们重新认识了博物馆的价值，越来越多的观众走进了博物馆，人们已开始有意识地把博物馆当作获取知识、社交休闲的场所，而且个人自发行为日渐取代了团体组织行为，观众参观博物馆的目的更加明确了，自然他们对博物馆要求也就提高了。因此，如何为观众提供内容丰富的展览、提供本馆的特色展览，即成为拉近博物馆与观众的距离、实现博物馆新发展所面临的重要课题。

当前，文化市场日趋多元化，文化品种之间的竞争日益激烈，社会文化消费的投入有很大的选择性。前些年文化消费多趋于大众文化和低档次消费。近几年来公众文化消费的品位逐渐提高，读书求知、休闲审美的需求日益增加，图书馆、美术馆、博物馆、音乐厅等的观众量显著增加，这就给我们博物馆的发展带来了新的机遇。但是这只是买方市场的扩大，并不能保证博物馆能巩固和发展这种市场。关键是博物馆能否对观众具有持久的吸引力，不要说千篇一律的老面孔、多年不变的老样子不能吸引观众，就是新陈列展览，在多元化的文化市场上也是需要竞争的。从电影、电视这种大众媒介的经验教训来看：粗制滥造的产品会被观众拒绝，只有走精品道路、特色服务才能赢得观众，博物馆更是如此。博物馆本身就是从传统的艺术殿堂、科学殿堂走过来的，博物馆就是精品荟萃之处。博物馆作为思想文化宣传教育的阵地，作为爱国主义教育基地，向观众推出的展览应该是内容和形式尽可能完美的统一，应该是精品之作。只有这样，才能更多、更好地吸引观众，给观众更大的收获，从而提高博物馆的社会地位，发挥更好的社会效益。

前一时期，有一位记者到沈阳故宫进行采访。他问我："听说沈阳故宫的领导是不允许讲解员对游客讲野史的？"我说："是呀！我们沈阳故宫有丰富的展览内容，有很深的文化底蕴，根本不需要用野史来吸引游客。"的确是这样，我们沈阳故宫有雄伟的古建筑，丰富的历史知识，而且我们还有文物精品展，展馆里面展出了清代各个时期的瓷器、珐琅器、玉器。我们还会经常推出各种题材和类型的临时展览，从今年年初到现在，我们就先后推出了一系列特色展览，包括"清代宫廷饮食器具展"、"盛京遗珍——沈阳故宫院藏珍宝展"、"镂月裁云——院藏清代宫廷雕刻精品展"、"印象故宫——辽沈地区名家书画作品展"、"清代帝后书画展"、"沈阳故宫院藏清代钟表展"等一系列在辽沈地区颇有影响的临时展览和常设展览，以满足广大观众各种不同的文化需求。我们还编排了清文化演出剧目《海兰珠归嫁皇太极》，在旅游旺季和节假日在故宫参观区内上演，以"活态"的展示方式再现皇太极迎娶海兰珠的喜庆场面，艺术地演绎清代宫廷文化，将不为人们所熟悉的清宫典制鲜活地展现在观看者面前。通过我院的这些精品展览和清文化展演活动，使观众对沈阳故宫的古代建筑、珍贵文物、宫廷历史和典章制度有更形象的了解，不仅丰富了沈阳故宫陈列展览的内容和形式，同时也扩大了沈阳故宫作为世界文化遗产的影响。

四、遗址类博物馆的自我提升

中共中央十六大报告曾提出：要"形成全民学习、终身学习的学习型社会，促进人的全面发展"。这里提出形成学习型社会的任务，目的在于促进人的全面发展。我们这些年的经济发展速度非常快，人民的生活水平发生了质的变化，生活水平、生活需求发生了变化。经济建设的发展、社会的发展、人民物质文化水平的提高，对于文化的需求有了相当大的提高，在这种变化下，对我们博物馆的发展有什么要求？这些是我们现代博物馆建设和发展的背景，这种背景也就要求我们在自身方面找出我们发展的关节点，找出我们的差距，这些都需要我们进行充分的学术研究。一切着眼于人，着眼于人的发展，着眼于人的完善，已成为我们工作的一个重要目标。作为教育机构的博物馆，在实现这个目标方面，应承担更多的职责，发挥更大的作用。

博物馆的重要功能是教育，博物馆是学生的第二课堂，更是人们终身学习的场所。应对学习的需要，博物馆首先当然要办好展览。展览在设计制作上，不仅要考虑展览自身的科学、艺术体系，更要考虑观众学习方面的方便途径。展品摆设、文字说明、导引讲解、辅助陈列等，都要给观众以正确的知识、正确的思想，并能给观众释疑解惑。为更好地达到教育效果，博物馆要像学校那样，建立一只师资队伍，使博物馆成为有物可看、有师可教的课堂。观众走进博物馆一定是想获得一些书本上学不到的知识，而这就要求我们的讲解员具有较高的业务水平。人们常说博物馆的解说员应该是个杂家，不能只熟背解说词，而是要精通所在博物馆所涉及的各个领域的知识，这就要求博物馆的从业人员要不断的学习、不断的提高。

沈阳故宫博物院作为遗址类博物馆，非常重视对专业讲解员的培养。每年4月和11月，沈阳故宫都会对全体讲解员进行两次大规模系统的业务培训，重点围绕讲解员的基本功、讲解员的专业素质、讲解员的专业知识三大方面展开，内容涵盖了讲解员的职业道德、岗位职责、普通话基础知识、讲解技巧、服务礼仪、形体训练、博物馆学、清宫史知识等讲解员应掌握的专业知识和职业技能。培训采用理论结合实际的方式进行，既注重理论学习又注重实际演练。同时，为了巩固培训内容，还设立了讲解员每日早训。通过这一系列的培训，讲解员的整体素质、专业水平、精神面貌有了极大的提升，有力地促进和推动了沈阳故宫讲解工作向规范化与专业化的迈进。院里设有学术委员会，大力加强了学习型团队的建设，形成浓厚的学习氛围。沈阳故宫博物院白文煜院长提出：我们应围绕大局，创造性开展工作，注重内涵建设、科研建设，高起点、高要求提升我院科研水平，致力于我院人才培养，建立学习型团队，努力活跃学术空气，齐心协力为学术委员会创造良好环境。

2014年3月末，国家主席习近平在比利时进行国事访问时，曾经提出："每一种文明都延续着一个国家和民族的精神血脉，既需要薪火相传、代代守护，更需要与时俱进、勇于创新。中国人民在实现中国梦的进程中，将按照时代的新进步，推动中华文明创造性转化和创新性发展，激活其生命力，把跨越时空、超越国度、富有永恒魅力、具有当代价值的文化精神弘扬起来，让收藏在博物馆里的文物、陈列在广阔大地上的遗产、书写在古籍里的文字都活起来，让中华文明同世界各国人民创造的丰富多彩的文明一道，为人类提供正确的精神指引和强大的精神动力。”

沈阳故宫作为国内除北京故宫之外唯一保存完整的宫廷遗址类博物馆，具有极其重要的历史价值、科学价值与艺术价值。此外，沈阳故宫因始建于清入关以前，具有浓厚的关外满族特色与东北文化特征，而这些都是我们值得骄傲、值得宣传和展示之的最佳亮点。今后，沈阳故宫将在“特色立院、学术兴院、人才强院”政策指导下，努力提高对外服务水平，增强沟通意识，不断提高学术水平，真正实现自身的强大，并为此吸引更多的社会关注与欣赏，由此引导更多公众走进博物馆，走进这座别具风采的世界文化遗产之地！

“嘉兴掼牛”
——传统的继承与发明

张宪达

一、“嘉兴掼牛”的发展概述

依据《“嘉兴掼牛”国家级非物质文化遗产名录项目申报书》中的叙述，摘录如下：

嘉兴史志记载，元代时，“嘉兴回族”在嘉兴市南湖区角里街聚居，大都从河南、山东回族聚居地南迁而来，并建有规模较大的“清真寺”教堂。本地人称角里街为“回回街”。在回族穆斯林宗教“宰牲节”仪礼上，掼牛常常被作为礼仪的一部分。

嘉兴掼牛散见于本地史料，回族、汉族前辈也有口口相传。

据现传承人韩海华讲述，他的父亲韩忠明（生于1929年）是40年代本地回族的“掼牛”高手，韩忠明的师傅狄燕仁（约生于1895年）和叔叔都是当时当地著名的大力士和掼牛手。

韩海华的师傅李尊思于上世纪三十—四十年代在上海大世界表演掼牛。

韩海华的父亲韩忠明，韩海华的师父李青山、李尊思于1953年、1954年，在嘉兴“中山厅”进行过掼牛表演。

“文革”中，由于历史原因，掼牛表演中断了十多年。

上世纪八十年代以来，韩海华连续3届在全国少数民族体育运动会上表演

[作者简介] 张宪达，中国社会科学院文学研究所2013级硕士研究生。

掼牛绝技，并且开始在影视上展演。

上世纪末，嘉兴掼牛一度中断。近年来在政府和社会的重视下，嘉兴掼牛再度兴起。[1]

从申报书中摘录的这段文字中，可以将"嘉兴掼牛"的历史发展过程做如下梳理：

第一阶段（兴起时期）：元代时，回族迁入嘉兴，将传统宰牲节仪式上的掼牛活动带入嘉兴；

第二阶段（发展时期）：掼牛活动一直在嘉兴回族传承；

第三阶段：20 世纪四五十年代，掼牛活动曾在上海、武汉、嘉兴等地表演；

第四阶段："文革"时期中断；

第五阶段：掼牛活动开始参加全国少数民族运动会，进入大众视野；

第六阶段：上世纪末衰落；

第七阶段：随着"非遗"活动的开展，嘉兴掼牛再度兴起。

嘉兴掼牛是一项"传统"的体育文化活动，下面围绕发展的各个阶段，展开历史追叙。

二、"嘉兴掼牛"的历史挖掘

（一）掼牛的起源与相关传说

在韩海华主编的《南湖武魂》中，对"嘉兴掼牛"的起源与相关传说提到两个传说，一是李冰斗蛟龙的传说；二是回族宰牲节的传说。

李冰为蜀郡守，有蛟岁暴，漂垫相望。冰乃入水戮蛟。己为牛形，江神龙跃，冰不胜。及出，选卒之勇者数百，持强弓大箭，约曰："吾前者为牛，今江神必亦为牛矣。我以太白练自束以辨，汝当杀其无记者。"遂呼吼而入。须臾雷风大起，天地一色。稍定，有二牛斗于上。公练甚长白，武士乃齐射其神，遂毙。从此蜀人不复为水所病。至今大浪冲涛，欲及公之祠，皆瀰瀰而去。故春冬设有斗牛之戏，未必不由此也。[2]

在叙述嘉兴掼牛的起源引用李冰的传说，形式上，李冰以牛的面孔与同样化为牛身的水蛟战斗，实际上是人同蛟斗，也不是人同牛斗，而这可能是现在追溯嘉兴掼牛所引用到的关于人与牛斗的时间最早的追溯，因为里面出现了李

---

1 谢培荣，康吕赐．嘉兴掼牛国家级非物质文化遗产名录项目申报书[R]. 嘉兴：嘉兴市非物质文化遗产中心，2011：6.

2 载《太平广记》卷 291，"李冰"条引《成都记》。

冰与化为牛身的水蛟角斗的情形。

在回族宰牲节的传说中，掼牛是回族的传统体育项目之一，源于回族民间宰牛。过去宰一头牛需要多人配合。相传有一位回族青年骁勇力壮，动作敏捷，徒手将牛捆住掼倒。从此，掼牛成为一项受回族群众喜爱的活动[1]。

不论是汉族关于斗牛的传说，还是回族关于掼牛的传说，都是比较泛化，没有地方化色彩。通过嘉兴地区的地方想象、历史的挖掘作用于整个回族，嘉兴掼牛的历史就延伸到一个难以坐实的“从前”。就像故事讲述中的开头，听众也根据故事讲述人的叙述想象成确实是发生在从前的故事。而嘉兴掼牛也就起源于开始的回族宰牲节。

（二）掼牛活动在嘉兴的流传

此方面没有找到资料文献的记载，但是可以从嘉兴地区回族的流变来体察掼牛活动的发展情况。刘重尚、郭成美《浙江嘉兴的回族》中叙述较为清晰，在北宋时期，嘉兴地区开始迁入回族，元朝时，进入回族迁入期的高峰期，来源有三：一为西域兵，或称回回兵；二为从海路迁入的穆斯林商人；三是从杭州迁入的回族人。明朝和清朝是嘉兴回族发展的稳定时期，而在晚清，由于政治和战乱，先期定居嘉兴的穆斯林后裔的踪迹已无从找寻。[2] 今天定居嘉兴的回民绝大多数是 20 世纪初叶以来从河南、山东等地逃荒南迁的穷苦回族农民及其后裔，其中百分之五十左右是河南拓城韩姓回民的后裔，被称为“韩家大户”，也有少数系新中国成立后因工作调动或毕业分配从外地迁入者。

掼牛活动在嘉兴地区的流传至迟在晚清就已经发展，只有在河南、山东等地的回族迁入嘉兴之后，掼牛活动才可能开始发展起来。在《南湖武魂》等相关读物关于嘉兴掼牛的历史传承过程叙述中，虽然追溯了回族迁入嘉兴的历史，但是并没有叙述晚清时期回族遭遇的厄运，在叙述太平天国焚烧清真寺后，又叙述明朝修建清真寺、清朝重修，时间有错位。基于这样的叙述，作为文化他者的外地观众也就顺其自然地相信回族迁入嘉兴这一绵延流长的发展历史。这段历史的空白就这样的被“修建——破坏——重修”的叙事填补了。

三、祖师故事的重述

祖师崇拜的现象普遍存在于各行各业，连学术研究机构都不能幸免，确认

1 陈伟．对回族传统体育文化的探讨 [J]. 回族研究，2011(01).

2 刘重尚，郭成美．浙江嘉兴的回族 [J]. 宁夏社会科学，1992（02）.

一个学术领袖以及树立一批叙述代表，是每个“学术共同体”所必然选择的发展策略。业外对于一个学术共同体整体学术水平的认识，主要取决于该学术共同体学术代表的水平，而学术领袖正是这些学术代表中的最杰出者[1]。在嘉兴掼牛中，有几个人是必须提及的：李青山、韩忠明和李尊恭。

在嘉兴掼牛的表演追述中，主要集中于 1980 年之前的掼牛表演，共计 3 次，一是在三四十年代在上海、武汉等地的表演；二是 1953 年在嘉兴中山厅的表演；三是《嘉兴市志》关于 1954 年嘉兴运动会上掼牛的记载；而追叙的资料有三则，两则回忆性的文章，及《嘉兴市志》上的一段话。

1953 年，嘉兴回族在嘉兴县中山厅（现在的戴梦得大厦）举行武术表演，邀请上海当时著名武术家王效荣、李尊思（韩海华的师傅）、海兕襄、徐根生（王效荣的徒弟“上海大力士”），以及本地的大力士李青山（韩海华的师傅）、李尊恭（韩海华的师伯，嘉兴籍，一直住在上海）参加表演，除了掼牛表演，还表演推人山。当时场面很大，许多嘉兴市民赶来观看，后来李尊恭就一直留在嘉兴教授武动和掼牛，直到 1982 年，韩海华跟随掼牛高手李青山出征第二届全国少数民族运动会，才创立的“中国式斗牛”，与掼牛不同，“中国式斗牛”是将牛逗得性起时才掼的，并且有一套节目的编排[2]。

在这篇回忆中，有很多括号，作为补充材料，如关于中山厅，即现在的戴梦得大厦，让人相信回忆的真实性。但是，在这些括号的解释补充中，却发现一些疏漏。正是被强调的才是值得怀疑的逻辑，发现在李尊恭的介绍中，强调是嘉兴籍，居住在上海，而在李传明、倪胜章《旅沪周口回族武林人物记略》中，对李尊恭的介绍是生于 1898 年，1927 年迁徙上海，新中国成立后定居嘉兴，1971 年被返回原籍[3]。而其中李青山、李尊思、王效荣等人也出现在李传明的名单中，可见当时这些会表演掼牛技法的大部分人是在外的河南周口人。然而在《南湖武魂》中对此的叙述不仅和唐相如的回忆相似，还加入韩忠明、韩忠祥被邀请参加掼牛表演的内容[4]。但是在韩忠明自己的回忆里只叙述了 1973 年一次意外的掼牛表演，并没有叙述在中山厅的表演。可见，当时在中山厅表演掼牛的是来自上海的武术表演队。

1953 年，掼牛活动后，李尊恭就留在了嘉兴，专门教授本族儿童青少年习

1 施爱东．中国现代民俗学检讨 [M]．北京：社会科学文献出版社，2010．

2《关于 1953 年嘉兴掼牛活动的回忆》。讲述者：嘉兴市清真寺管理委员会主任唐相如 2008 年 6 月 24 日。

3 摘自中穆网，发帖者：伊斯兰之星 http://www.2muslim.com/forum.php?mod=viewthread&tid=208964 发帖时间：2011/2/7

4《南湖武魂》编委会编．南湖武魂 [M]．北京：中国书籍出版社，2012：3．

练武术，我儿韩海华自幼跟我学回族摔跤、掼牛、和查拳，悟性很好，后来拜李尊思学习武术和掼牛，在同龄人中渐渐有了名气，逢到清真寺宰牛仪式，海华和本族一些青年就自告奋勇前往，一方面练胆量、显功力，另一方面则是体验老师教习的功法。1973 年掼牛的回忆[1]。

在韩海华的介绍中，九岁拜李尊思学艺，表明平时练习掼牛的机会并不多，只有逢清真寺宰牛仪式上才有机会表演，体验老师教习的功法。掼牛作为一项传统的体育活动在“文革”前，还没有进入正轨，还是依附于宰牲节，并没有脱离宰牲节，成为独立的传统体育活动应是在“文革”后。牛作为当时重要的生产工具，平时练习掼牛的机会并不是太多。

在《嘉兴市志》上，只有一句话记载“文革”前掼牛的表演：1954 年嘉兴市第四届运动会上，回族运动员表演摔牛[2]。而当时进行表演的应该是 1953 年中山厅表演掼牛活动留在嘉兴之后的李尊恭等人。若是韩忠明等人参加的话，应该会在回忆里追叙的。但是，在唐相如和韩忠明的叙述里，将李青山、李尊恭等人叙述为本地人，并且韩忠明在回忆里也强调自己掼牛的经历，通过李青山、李尊恭和李尊思等人的祖师叙述来强化嘉兴掼牛的发展和繁荣。

从开始的传说到回族在嘉兴地区的迁徙和发展过程，可以看出在 20 世纪之前并没有对掼牛活动的文献记载，虽然并不能依据文献记载的有无来断定掼牛活动的存亡，但是，至少在非物质文化遗产名录申报书中的记叙就并不那么可靠，在韩忠明之前的掼牛也没有在嘉兴流传下来。20 世纪初，河南等地的回族迁入，及上海武术表演家李尊恭等人在嘉兴传授武艺，掼牛活动才开始在嘉兴地区生长。掼牛活动是一种随回族迁入而植入嘉兴本地的体育项目，追溯到元代的可靠性并不是那么牢固，从文献和回忆的记载中，可以看到“文革”前的嘉兴掼牛表演，是与上海武术师定居嘉兴传授密切相连，而上海掼牛武术师大部分来自河南周口，嘉兴掼牛活动应该是身负掼牛绝技的周口武术师植入嘉兴的结果。但是通过对历史叙述的挖掘及截取，以及重塑祖师崇拜的追叙来强调嘉兴掼牛地位的正统性和发展的源远流长。

四、八十年代的名称混用到非遗时代的渐进统一

1982 年，韩海华跟随师傅李青山参加全国第二届少数民族传统体育运动会，成功表演掼牛比赛活动，掼牛作为传统的回族体育项目开始进入观众的视野，

1《关于李尊思、李尊恭教习武术和掼牛的回忆》韩海华的父亲—韩忠明回忆 2008 年 6 月 24 日。

2《嘉兴市志》编纂委员会．嘉兴市志：第三册 [M]．北京：中国书籍出版社，1997：1720．

进而出现在各种报纸、通俗读物、影视作品及嘉兴地方志上。从1982年《体育报》报道使用的“斗牛”到申报国家级非物质文化遗产是所用的“嘉兴掼牛”，根据目前的搜集所得，一共使用6种不同的名称。而一个名称的使用，又基于多重考量。

（一）斗牛

在《体育报》的官方报道中一直使用的斗牛的名称：射箭、摔跤比赛和六十项表演全面展开，第一天各族群众达十多万，乌兰夫参加盛大篝火晚会……浙江回族运动员表演的斗牛表演非常精彩，他双手握住牛角，与牛对峙，使牛进进退退，突然使出绝招，以敏捷的手法，用力牵制牛的脖子，猛地把牛掼倒在地，他的精彩表演获得了观众的热烈鼓掌[1]。

而在稍后的《浙江日报》第四版上也以《南湖健儿智斗雄牛》为标题进行报道，《浙江日报》作为省地级报纸，在报道中也是沿用的斗牛名称，可见，嘉兴掼牛作为名称和体育活动的影响并不太明显。接着，韩海华又参加了第三届、第四届少数民族运动会，在少数民族运动会的历届介绍中，也是以“回族的斗牛”名称出现的。

（二）掼牛

掼牛名称出现在《民族体育集锦》上，作为传统的回族体育项目进行介绍：掼牛不是西班牙用剑把牛刺伤的斗牛，而是凭借个人力量与技巧把牛摔倒……掼牛成了群众喜爱的一种传统体育项目，每逢年节都要进行。在一九八二年全国少数民族传统体育运动会上，回族的掼牛参加了表演……就把强壮的公牛摔了个四脚朝天，牛蹄子在空中乱蹬，这叫扛摔，是掼牛运动员的绝技动作[2]。

在《民族体育集锦》中，主编李梦华是时任国家体委主任，当时参加编写的是体委和民委合作组织的人员。且是在1985年付梓印刷，离当时韩海华第一次表演掼牛有一定的时空距离感，能够以相对客观事实的叙述，相信他们在选用名称时也破费一番周折，最终确定掼牛的名称，而没有使用之前官方报道的斗牛。

（三）中国式斗牛

中国式斗牛出现在媒体和报道中大多是在1986年之后，能够找到的是《嘉禾风情》《羊城晚报》和《华侨日报》等报刊书籍上，在这些文章上，大都出现

1 全国少数民族传统体育运动会热烈进行[N]. 体育报，1982-9-6（1）.

2 掼牛[M]// 李梦华 . 民族体育集锦[M]. 北京：人民体育出版社，1985：11-12.

韩海华的声音，而此前的报道，出现的只是表演的身影，并没有韩海华自己的声音。

1982 年 9 月，韩海华参加全国第一届（应为第二届）少数民族运动会表演的项目是“掼牛”，浙江省体委在上报节目时，因口音关系，几经周转，节目单上竟变成了斗牛，一字之差，出入可大。海华为了表演后斗牛……当时在场观看的万里副总理就给韩海华的斗牛起了一个名，叫“中国式斗牛”。目前，中国式斗牛已成为我们一项新兴的体育项目[1]。

这是一篇非常有影响的文章，在关于叙述 1982 年韩海华掼牛表演的报道中。在时间过去四年之久，增加了万里命名的“中国式斗牛”，而在当时的报道中，不论是《体育报》还是地方报纸《浙江日报》都是“斗牛”，没有描写万里抑或国家领导人命名的“中国式斗牛”。在 1988 年，韩海华接受记者采访是记者曾问如何被誉为中国式斗牛士，韩海华讲到：回民吃的牛肉都是生宰的，死牛不吃，在传统的宰生（应为牲）节上，回民们载歌载舞，把牛摔倒在地上，开始是几个人一起，后来就演变为一个人。在 1982 年的全国少数民族运动会上，我把武术、气功、摔跤结合在一起，并根据牛的特点，设计了一系列动作，使比赛更激烈，更精彩。前来参观运动会的中央领导同志看后认为具有中国的民间特点，不愧为中国式的斗牛。“中国式的斗牛士”就这样传开了[2]。

1988 年 11 期《电影评介》中《“中国式斗牛”首创者——韩海华在〈大凉山传奇〉中》讲述了韩海华在电影斗牛的场景。在 1982 年韩海华参加全国比赛后，开始拍摄一些纪录片和影视剧，在之前的比赛报道中，韩海华是作为运动员、是掼牛比赛的一部分被报道的，名称的使用有最初不确定的斗牛，也有之后的掼牛，还有摔牛等名称，而此时的个人采访和报道中，韩海华作为一个演员和主角出现在报道中，便有“中国式斗牛”和“中国式斗牛士”的称呼。虽然在“嘉兴掼牛”申报国家级非物质文化遗产民族申报书中提到“中国式斗牛”，但是在 1997 年出版的《嘉兴市志》中，将掼牛作为摔牛介绍，虽然出现韩海华 1982 年参加比赛一事，但是并没有出现“中国式斗牛”的命名，可见“中国式斗牛”以及“中国式斗牛士”是一种坊间的名誉称号，并没有获得《嘉兴市志》编写者的采纳。但是随着非物质文化遗产工作的推进，各地在争相挖掘本地的传统文化活动，没有出现在《嘉兴市志》中的“中国式斗牛”却在十年之后出现在非物质文化遗产申报书中。

同时，在唐相如等人的回忆中，最后一句话：直到 1982 年，韩海华跟随掼

1 俞厚民．韩海华首创“中国式斗牛”[N]．广东侨报，1986-7-1．

2 中国式斗牛士——韩海华 [N]．羊城晚报，1988-1-12(4)．

牛高手李青山出征第二届全国少数民族运动会，才创立的“中国式斗牛”，与掼牛不同，“中国式斗牛”是将牛逗得性起时才掼的，并且有一套节目的编排。同时在俞厚民的《韩海华首创“中国式斗牛”》中也有一句“目前，中国式斗牛已成为我们一项新兴的体育项目”。采用中国式斗牛名称的背后，有一种力量在驱使韩海华做这种选择，在掼牛的基础上，强调中国式斗牛的特点，掼牛与中国式斗牛不同，中国式斗牛是一种新兴的体育活动，不是一种传统的体育活动。而掼牛是一项传统的回族体育活动。

（四）摔牛

1986年，第三届少数民族运动会在新疆举行，1986年第4期《新疆体育》有掼牛的介绍，不过题目为《摔牛》：摔牛是民族传统体育项目。它是一种斗志（应为智）、斗力、斗勇的体育锻炼项目。在第二届全国少数民族传统运动会上，运动员韩海华精湛的摔牛表演、受到了观众称赞[1]。

在《嘉兴市志》的编写中，也用了摔牛这一名称。并没有用具有嘉兴方言意味的“掼牛”名称。可见，摔牛应是掼牛的普通话说法，斗牛并是不一种标准的普通话翻译。摔牛是嘉兴市回族人民的传统体育项目，是由生产活动（宰牛）逐渐演变而成，以前每逢开斋节、古尔邦节，都要表演这一项目，表演时将黄牛或水牛牵到场上，摔牛士赤手空拳，按住牛角，用力把牛头拧向一侧，迅速抱住牛头，用右肩扛住牛下巴，猛使劲把牛脖一别，使牛失去平衡跪下，摔牛士随即发力往下一压，把牛摔倒。80年代后，摔牛活动一般先由斗牛士在斗前，拳打脚踢，先将牛逗怒而后摔之，这就增加了难度，使表演变得更加惊险。回族摔牛有单臂摔、双臂摔、肩摔、扛摔等。摔牛的标准分为失蹄、倒地、四脚朝天三级，以四脚朝天为最高级。1954年嘉兴市第四届运动会上，回族运动员表演摔牛。80年代以来，又多次在全国少数民族运动会上表演[2]。

（五）嘉兴掼牛

从2007年开始着手申报嘉兴市非物质文化遗产，到2008年底被评为市级非物质文化遗产，再至2011年被确认为国家级非物质文化遗产项目。掼牛开始与嘉兴相连，而此前的报道和介绍，都是强调掼牛合法性地位的获得是作为回族的传统体育活动获得的。而在非物质文化遗产项目开展以来，掼牛开始表现

1 摔牛[J]. 新疆体育，1986（4）.

2《嘉兴市志》编纂委员会. 嘉兴市志：第三册[M]. 北京：中国书籍出版社，1997：1720.

出在地化倾向，与嘉兴联接，申报非物质文化遗产，尤其是在申报国家级非物质遗产成功后，作为嘉兴市的名片，举办各类邀请赛，并作为主题单元参与嘉兴端午文化节活动。

嘉兴掼牛，是嘉兴回族一项传统民族体育活动。始于元代回族聚居浙江嘉兴，历史悠久，形式独特。常在回族同胞欢庆穆斯林“宰牲节”这一传统节日时举行。据嘉兴市志记载，至今已流传四百多年。回族掼牛活动国内散见于浙江、河南、山东等回族聚居地。从活动规模和掼牛的传承性、技巧性、观赏性而论，嘉兴市南湖区的“嘉兴掼牛”独具特色。嘉兴掼牛，规则简单，过程独特[1]。

在这段材料的逻辑，掼牛活动始源与嘉兴回族，并有四百年悠久的历史，且随着历史的演变，掼牛流传到山东、河南等地，但是嘉兴掼牛持有特殊的独特性，将牛性挑起再进行掼牛，更激烈刺激，同时，又对牛持有特别的尊敬。实际上，在《非遗申报书》中，不知是有意还是无意将韩海华创新的中国式斗牛（嘉兴掼牛）往前延伸了400多年。韩海华一直强调的与传统掼牛相区别的中国式斗牛，在“非遗”时代化为“嘉兴掼牛”。

在1982年韩海华成功表演掼牛后，对掼牛的名称，可以用下图表示：

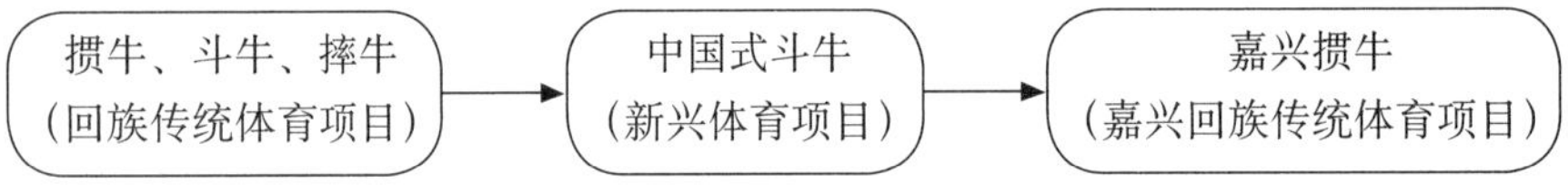

在申报国家级非物质文化遗产名录时，围绕掼牛名称曾经发生过争论，一方是掼牛传承人韩海华为代表的“中国式斗牛”，另一方是地方文化精英陈双虎为代表的“嘉兴掼牛”。陈双虎老师主张“嘉兴掼牛”名称的理由是：“中国式斗牛”不能体现掼牛的原证性、民俗性和地域性，是一种迎合西方话语的说法。“掼牛”是嘉兴的土语，既体现了地方特色，符合非遗申报的要求，更体现了“掼牛”的实际特点：和斗牛强调斗争性不同的是，掼牛更偏向于竞技和玩耍，是一种顺应牛的特性的摔跤方式，体现了动物保护的理念。[2]而韩海华坚持“中国式斗牛”是因为在1982年全国第二届少数民族运动会上被万里副总理提出，他称韩海华为中国式斗牛第一人。因为中国式斗牛发展有限公司在2008年成立，而嘉兴掼牛的称谓是在2011年被批为国家级非遗项目的。因此我们在成立公司之初沿用

1 谢培荣，康吕赐．嘉兴掼牛国家级非物质文化遗产名录项目申报书[R]．嘉兴：嘉兴市非物质文化遗产中心，2011：4．

2 资料由洪婷婷提供，时间 2014-5-15。

了这个名称。[1] 虽然在申报非物质文化遗产的官方文件中用的是嘉兴掼牛，但是2009年4月17日成立公司却使用的是“嘉兴南湖中国式斗牛发展有限公司”，而早在2008年6月，嘉兴掼牛被列入嘉兴市第二批非遗名录。当笔者询问是否会更名为嘉兴掼牛时，康吕赐回答说：改换比较麻烦，以后我们要在乌镇发展旅游业，中国式斗牛的宣传也不错。[2] 从被采访者的回答中，可以看出对中国式斗牛名称的一种偏爱，借助非物质文化遗产“嘉兴掼牛”名称来宣传中国式斗牛，作为表演公司，中国式斗牛的名称更具有吸引力，同时也更具宣传影响力。

五、结论

在《嘉兴掼牛申报国家级非物质文化遗产名录申报书》，依据嘉兴掼牛的历史渊源，梳理出嘉兴掼牛发展的7个阶段，在对1982年之前的四个阶段进行分析中，发现当今居住在嘉兴地区的回族群众是在20世纪初迁入嘉兴地区，而宋元时迁入的回族群众在晚清已经人数非常少。历史上在嘉兴地区流传的掼牛已经对现在的影响甚微，在综合各种对建国前后掼牛表演的记忆和文献的梳理中发现，嘉兴掼牛是在李尊恭等上海武术师迁入嘉兴之后传艺授徒培育的一项回族体育活动。

在1982年韩海华成功表演掼牛比赛后，掼牛开始受到观众的关注，并出现各种名称的混用，有掼牛、斗牛、摔牛、损牛[3] 等，在各种名称的混用背后，是人们对于一种新看到（并不表示新出现）的事物的陌生与新奇。从《嘉兴市志》的“摔牛”来看，本地对于掼牛的名称使用自信也底气不足，外人也无法使用统一的名称，但是在非物质文化遗产运动的推动下，该活动收到地方政府的挖掘和保护，不仅有资金物质的保障，还有相匹配的策划宣传与文化打造，名称开始固化，在媒体报道宣传中体现得尤为明显。从“中国式斗牛”与“嘉兴掼牛”的各执一端到申报国家级非物质文化遗产成功后的“嘉兴掼牛”与“中国式斗牛”发展公司的和谐共存，反映政府的支持与掼牛传承人的努力在地方文化的保护与挖掘中达到一种默契。并没有因为使用“嘉兴掼牛”进入非遗名录而停滞固化，

1 采访人：张宪达，被采访者：康吕赐（嘉兴南湖中国式斗牛发展有限公司联系人），采访时间2014/5/19。

2 采访人：张宪达，被采访者：康吕赐（嘉兴南湖中国式斗牛发展有限公司联系人），采访时间2014/5/19。

3 “损牛”可能是“掼牛”的错用，但见于人民教育出版社网站 http://www.pep.com.cn/pdysh/jszx/tbjxzy/dzkb_6/pdysh5s/201009/t20100926_914161.htm 和新华网站 http://news.xinhuanet.com/zhengfu/2001-05/31/content_38922.htm 上。

也没有因为宣传上使用“中国式斗牛”而没有历史传统，相反，一项既有悠久历史又具现代特点的嘉兴地区回族体育运动出现了，之所以悠久历史，是可以追溯到宋元时期回民迁入嘉兴；之所以具有现代特点，是上海武术师李青山等人的培养下，韩海华的首创中国式斗牛，不仅包含对牛的尊敬理念，还植入现代竞技体育的方式特点等。同时还将掼牛活动带入群众社区，走出国门，开展国际交流，借助非物质文化遗产东风，展现出勃勃生机。

永安笋竹节的传统化实践

赖　婷

福建省永安市于2000年10月获农业部授予的“中国笋竹之乡”称号，2002年起至今，永安市政府于每年10月18日定期举办笋竹节。笋竹节即与笋竹文化有关的节庆活动，与传统岁时节日不同，这类节庆活动大多与农业生产、天时和物候的周期性变化无密切关联，多是应现代社会的需要而生，尤其在“以节为媒、文化搭台、经济唱戏”的理念引导下，举办这类节庆活动成为地方政府拉动地方经济发展，宣传地方文化，发展旅游，打造品牌的有效手段。

亲历笋竹节从无到有的过程，为笔者的研究提供了契机。自2000年获“中国笋竹之乡”称号以来，政府主导、地方文化者不断参与，打造了符合“中国笋竹之乡”称号的笋竹文化，同时，也发明了“竹神”和竹神文化，是独特社会大环境与地方小环境所催生的传统化实践的缩影。传统化（traditionalization）是民众为了话语权或其他主权的获得而特意将现在的文化事象与传统元素相关联，将传统的符号赋予新事物或宣称特定文化现象具有传统的属性，是用过去的古旧元素与信息构建新兴释义与主权的一个错综复杂的过程。[1]而实现这一关联的过程被称为传统化实践（traditionalizing practice）。永安笋竹节的传统化实践能为当今传统与现代互动问题的研究提供一个有益的个案。笔者欲通过这一个案，揭示传统化实践的目的、过程及意义。

［作者简介］赖婷，中国社会科学院研究生院文学所2001级硕士研究生。

1 康丽．传统化与传统化实践——对中国当代民间文学研究的思考[J]．民族文学研究，2010（4）：73.

一、永安笋竹文化的历史积淀

自古以来，笋竹产业一直是永安的支柱产业之一。[1] 永安笋干是闽笋干的代表，又名“玉兰片”，是闽西八大干之一，在福建省内外乃至东南亚地区都享有盛誉。永安当地的笋干又名“猫笋”，是“猫儿竹”——毛竹的笋。雨后的春笋若不及时挖出，很快就会长成毛竹，而笋挖出后又难久存，便烘烤制成易保存的笋干。作为烤笋上品的永安闽笋干，在明清时已是永安的支柱产业之一。闽笋干有独特的制作工艺，在制笋过程中竹农们自发形成了闽笋行业的民俗，包括笋竹传说、故事、歌谣、谚语等民间文学；制笋工艺；黄石仙师信仰及仪式等。

（一）挖笋、制笋技艺

永安笋干的制作分为“挖、煮、泡、榨、烤”五道工序，历时一个半月至两个月。对每道工序技术都有严格的要求。据《上坪乡志》记载：

“春笋”是大年春三月（清明节后）春雷隆隆，春雨霏霏，春笋破土而出，故名“春笋”。春笋去壳，经过煮、漂、上榨、炭火烤、制成干品。分成：正牌、副牌、长标、上路、下路等级别。解放后，由县地方组成公司收购。

“冬笋”是小年 9 至 10 月间，竹鞭上长出的幼芽，去壳后，肉质析白，油炒，汤煮，香味俱全，营养丰富，含多种维生素，誉称“十香素食”。为名菜“佛跳墙”的主料，产于冬季，故名“冬笋”。[2]

挖笋应季节分挖冬笋和挖春笋。冬笋埋在地下，需根据竹鞭长势做出判断才能挖到，与已破土而出的春笋相比，挖冬笋更难，因而价格也比春笋贵上几倍，尤其冬笋上市时节适逢春节，因笋与顺谐音，永安人喜欢用笋来制作新年祈福的菜肴，以寓意新年顺顺利利，所以冬笋的市场需求量大，笋农受益更多，掌握专业找笋、挖笋技巧就显得尤为重要。再如“榨笋”工序，还可细分为“通、排、压、封”四个步骤。通常，竹农到竹林挖得春笋，就地剥壳、削根、斩切干净，运回笋厂，下锅煮熟，捞出后浸泡在水池中数日，再用木榨机榨干水分，用木炭火焙烤干，才制成笋干。通常，一百斤鲜笋只能制得五斤闽笋干。按产品的肉厚身嫩、片宽节短、色泽金黄等品质优劣程度可分为正牌、副牌、上路、下路、

1 福建省永安市地处闽中偏西，古名浮流，明景泰三年（1452 年）始设县名为永安。1984 年设市，总面积 2942 平方公里，常住总人口 34.8 万。有林业用地面积 367 万亩，森林覆盖率 83.2%；林木蓄积量 2210 万立方米，竹林面积 100.7 万亩，农民人均拥有林地 25 亩，是我国南方 48 个重点林区县（市）之一和全国唯一的林业改革与发展示范区。丰富的林业资源为永安发展笋竹经济的发展提供了保障。摘自永安市人民政府门户网站，永安概况栏目，佚名，无时间信息。网址：http://www.ya.gov.cn/

2 陈国典：《上坪乡志》，1999 年，未出版手稿。陈上湖提供。

红笋几个等级，价格也因此不同。

（二）行业神信仰与仪式

每到挖笋时，竹农和做笋师傅会祭拜祖师爷或观音菩萨。以保佑开山挖笋人员的安全，保佑笋农能挖得更多的笋。待笋挖完运至笋厂制作笋干，笋厂主会根据笋干质量的好坏付工钱，所以做笋师傅会将祖师像或是菩萨符带入笋厂，做笋前举行祭拜仪式，祈求能做出品质优良的笋干。

清顺治三年（1647 年），在永安市贡川镇胜利巷 43 号，成立了迄今我国发现最早的笋业公会组织——笋帮公栈，作为闽、浙、赣、豫等省区笋业商贸组织的中心联络机构，是当时华东南地区最大的民间笋业公会组织。当年笋商们在此收购笋干，签订合同，商讨笋业行情、价格、入股分红等问题，其影响可广至全国的笋干行业。[1] 而靠永安笋干发家致富的笋商常常往来于上海、江浙与家乡之间，接触了当时较为先进的新文化，促进了家乡文化的发展。

（三）与笋竹相关的民间文学

永安当地流传有许多与笋竹有关的传说、故事，还有用永安方言编成的《做笋歌》、《榨笋歌》等歌谣，这些歌谣描述了劈山、砍柴烧炭、采笋、煮笋、榨笋、焙笋、拣笋、装笋、卖笋的全过程。传唱这些歌谣有利于安排生产，传授制笋经验与工艺。“早三天挖金，迟三天挖银”等谚语也是劳动者生产经验的智慧结晶。

二、笋竹节的塑建

在永安较为深厚的笋竹文化积淀上塑建的笋竹节，受近年来中国社会流行的“文化搭台、经济唱戏”的大环境影响，各地节庆活动的兴办，给地方领导人提供了借鉴和参考。作为一个政治、经济、文化利益兼容的利器，节庆活动很容易进入地方领导人的视野。在永安笋竹节的案例中，地方领导人的主政理念是维持这个节日发展的主要动力。

笋竹节出自时任永安市委书记刘道岐的构想，在他的领导下，具体的工作由永安市林业局负责展开。2001 年 4 月，市政府、市林业局邀请了品牌策划专家、北京市叶茂中营销策划公司董事长叶茂中来永安进行实地考察，对永安竹业打造品牌和发展的潜力进行了分析和策划：

1 摘自永安之窗网站，永安百科风情民俗栏目，佚名。网址：http://www.yawin.cn/list/article_736.html，2004-08-26.

对“中国笋竹之乡”的包装是永安竹业品牌宣传的切入点和文化支撑点。要从现已发现的“笋帮公栈”、永安笋干在闽西八大干中的排名，中国航天航空先驱李宝焌与永安笋干的历史关联等题材入手，推进永安竹业与旅游文化、旅游产业的有机结合。要以实物形式展现“中国笋竹之乡”的悠久历史和文化内涵。其次要努力营造“中国笋竹之乡”的氛围。尽快规划建设集旅游、休闲、教学、科研等功能为一体的竹子大观廊，以丰富永安的生态旅游景点。同时邀请国内知名文学、书法、影视名人来永安举行学术研讨、创作和拍摄影视剧，以提高竹乡的知名度。此外，按照品牌营销策划要求，还应在市内各大宾馆、酒店倡导推介以笋系列食品为主的菜系，制作出售便于游客保存、携带的竹文化旅游纪念品，让来往客人真正体会永安竹乡文化的源远流长。[1]

纵观12年笋竹节的兴办情况（详见表1–1），笋竹节对永安笋竹产业发展起到了直接的促进作用，永安竹材与竹笋干产量也几乎呈现年年递增的趋势。同时，它也拉动了永安当地文化与旅游产业的发展。这期间共有三位市委书记任职，不同市委书记的主政理念直接影响了笋竹节的性质、内容与规模大小。根据三任市委书记的执政时间，笔者将笋竹节的发展划分为三个阶段：2002年至2004年，刘道崎[2]时期，起兴阶段；2005年至2010年，江兴禄[3]时期，发展阶段；2011年至今，黄建平[4]时期，中落阶段。

表1–1　　笋竹节历年活动概览[5]

市委书记	名 称	主 题	文化活动	经贸、旅游等活动
刘道崎	2002福建永安笋竹节	打响笋竹品牌、发展竹业经济	开幕式文艺演出包含民俗表演；“竹乡情韵”文艺晚会。	中国竹产业发展论坛；笋竹加工与投资环境考察、竹文化旅游推介、投资环境推介与经贸项目洽谈，竹产品展销；评选毛竹王；美食节。 共750多家企业参展参会。签约项目116个，总投资额11.43亿元。

1 蔡为茂：《永安打造竹业品牌之路》，摘自绿竹缘，无时间，网址：http://www.66163.com/fujian_w/city/ya/lzy/ppyx.html

2 刘道崎于2001年4月至2005年2月任三明市委常委、永安市委书记。

3 江兴禄于2005年2月至2011年6月任永安市委书记。

4 黄建平于2011年6月至今任永安市委书记。

5 根据中共永安市委宣传部主办的今日永安网“永安笋竹文化旅游节”专题栏目，对历届笋竹节活动的新闻报道整理，网址：http://www.jryaw.com/html/wlxsk/wzt/yaszwh/

市委书记	名 称	主 题	文化活动	经贸、旅游等活动
刘道崎	2003 福建永安笋竹节	竹笋——森林绿色食品	开幕式及文艺表演；《竹乡欢歌》文艺晚会；民间艺术团成立并首发《竹乡风情》笋竹文化采风与笔会，大型民俗文艺踩街活动。	全市放假一天；竹笋风味食品推介与永安小吃展示；笋竹经营、加工知识科普长廊；投资环境推介与经贸项目洽谈与签约（16个），总投资5.8千万元；项目剪彩；永安市政府高级顾问座谈会暨笋竹开发研讨会、专家讲座；笋竹加工与投资环境考察；福建省竹子现代科技园区剪彩暨竹林生态旅游；永安市竹业开发先进单位和先进个人表彰；新闻发布会（含竹笋无公害标准发布会）。
刘道崎	2004 福建永安笋竹节	林业改革发展唱主角	《竹乡风情》民俗文艺晚会，民俗民歌演出、文物保护单位笋帮公栈修复竣工。	全市放假一天、全国首家林业要素市场开馆仪式，笋竹产品展销、永安市林竹产业可持续发展座谈会、永安市纺织项目招商暨产业发展座谈会、评选毛竹王及林业工作"十佳村"、美食节。
江兴禄	2005 福建永安笋竹旅游节	旅游城市迎嘉宾	"东方歌舞团——永林之夜"大型综艺晚会	全市放假一天、评选毛竹王、林业产业发展论坛等会议。美食节。
江兴禄	2006 福建永安笋竹文化旅游节	欢乐中国行之魅力永安	CCTV 欢乐中国行——魅力永安大型文艺晚会	全市放假一天、评选毛竹王、旅游产品广销会、工程剪彩、文化发展论坛、永安美食展销、竹农劳动技能比赛。
江兴禄	2007 福建永安笋竹文化旅游节	宣传中国十佳魅力城市——福建·永安	新疆民族风情歌舞晚会；"魅力永安"风情摄影大赛作品展；永安行——当代书法家十人作品展等。	全市放假一天；毛竹王评选；表彰林业工作先进；竹农劳动技能比赛；2007 首届魅力城市房车展、美食节。
江兴禄	2008 福建永安笋竹文化旅游节	打响旅游品牌，弘扬笋竹文化	"乡村大世界－走进永安"大型文艺演出。（将笋竹名宴、竹乡山歌、燕城民俗、竹海风光有机融入央视的播出节目中，从而真正达到宣传、推介、提升永安笋竹林业品牌的效果。）	全市放假一天；评选毛竹王；竹农劳动技能竞赛；竹乡永安风味小吃展销；林业与旅游工作表彰先进；现代林业与旅游产业专家论坛；笋竹文化与旅游系列产品展示展销；旅游文化建设年系列活动。

市委书记	名 称	主 题	文化活动	经贸、旅游等活动
江兴禄	2009 福建永安笋竹旅游文化节	做大做强民俗、文化、旅游产业	“竹乡情韵”文艺晚会；“三项”活动[1]暨社区艺术节文艺精品汇演；海峡两岸诗人学者三明诗群诗歌作品研讨会与诗歌朗诵会。	全市放假一天；评选年度大毛竹金银铜奖；十佳创业能手、小吃（售额 300 余万元）、商品、林竹、房车 4 个展销会；开展林业、旅游、文化论坛。10 个经贸项目签约，总投资 17.25 亿元。
江兴禄	2010 福建永安笋竹旅游文化节	闽台文化交流与产业合作	闽台民俗文化交流、《两岸一家亲》闽台民俗文艺晚会，福州高湖舞龙队、建瓯挑幡队、霍童线狮艺术团等 6 个民间艺术团体献艺及青水傩面打黑狮等表演；永安首部林业改革题材电影《竹乡鼓声》首映式。	全市放假一天；“大毛竹”评选活动 海峡竹（藤）艺展销；闽台文化创意产业园开工奠基；民间竹编工艺技能比赛；笋竹产品展销；竹乡美食品尝大会（美食节）。14 个项目的开竣工、奠基、剪彩仪式，项目总投资 34.69 亿元。
黄建平	2011 福建永安笋竹旅游文化节暨全国竹系列家具展销会	竹子与生活		“大毛竹金、银、铜奖”评选活动；相关投资项目签约仪式、永安地方特色产品大型展销以及“2011 中国（永安）竹木家具产业发展论坛”；竹子与生活——现代竹家具产业发展研讨会；永安特色风味小吃展（美食节）；永安市旅游景区免费体验观光游活动，市内的桃源洞、石林、九龙竹海国家森林公园、天宝岩国家级自然保护区实行免费开放观光。
黄建平	2012 中国（永安）竹家居产品展销会及 2012“兴业杯”永安市首届全民健身运动会	体育的盛会、人民的节日，运动让生活更精彩；竹子与家居生活	“幸福永安”市运会开幕式，设计了吉祥物“竹娃”，融入永安民间传奇故事“竹神”元素。同时还进行了安贞旌鼓、舞龙、太极拳等表演。	中国（永安）竹具城承办中国竹家居产品展销会，美食节，10 月 18 日当天永安市石林、桃源洞景区免费开放。

1 指民间“三项活动”的展演。包括：绝技、绝活的展演；民间体育（非现代概念的体育活动，而是农民生产劳动中产生的类体育活动）；文艺演出。表演者为原表演者即劳动者，但舞台展演是经过文化馆改造、提升后再回教农民表演的演出活动。

市委书记	名 称	主 题	文化活动	经贸、旅游等活动
黄建平	2013永安笋竹			2013永安笋竹美食节；中国竹家居产品展销会。
主办单位：永安市人民政府 承办单位：永安市林业局、经贸局、发展计划局、建设局、文体局、旅游局。 支持单位：福建省林业厅、福建省竹业协会、三明市人民政府、三明市林业局。 联系单位：永安市林业局、永安笋竹节组委会				

从笋竹节到笋竹旅游节再到笋竹旅游文化节，名称的变化反映笋竹节内涵与性质的变化，从内容上看，除了固定展演的内容，如公休一天，与笋竹投资、贸易相关的活动，评选“毛竹王”、民俗文艺展演、举办永安美食节等，政府可以根据当年经济、旅游、文化方面的不同诉求，策划不同的主题与内容，将本地或非本地的文化传统借用过来，在笋竹节期间进行展演。作为官方“打造”的节日，由于先天缺少节日文化与节日传统，正需要政府和地方文化精英充分挖掘地方文化来填补笋竹节节日文化与节日传统的空白。在灵活多变的展演舞台上，传统和现代的内容都可以被采纳，只要能扩大笋竹节的影响力，能满足政治、经济、文化方面的诉求。其中，笔者最关心的是本阶段笋竹节对地方文化的影响，主要体现在对永安笋竹文化的塑建、促进永安民间传统文化的改编。

（一）对永安笋竹文化的重塑

为举办笋竹节而打造的“笋竹文化”，使许多早已淡出人们视野的民间文化得以在公众视野中重回舞台。正如叶茂中的策划——“要从现已发现的笋帮公栈、永安笋干在闽西八大干中的排名，中国航天航空先驱李宝焌与永安笋干的历史关联等题材入手”。[1] 与笋干、笋商有关的曾鲜为人知的历史人物和故事进入公众视野，出现在网络、电视等媒体平台上，如这则《闽笋填海》抗战史话：

抗日时期，为了阻止日本的轮船进入福州码头站，有人建议闽笋填海。因为闽笋投入海口码头，经水浸泡后，呈半浮沉状态，与船的深度差不多，轮船的螺旋桨如果挂到闽笋，会被韧性十足的闽笋搅断，从而不能登岸。这个建议很快得到了笋帮成员的响应。为了不让日本侵略者的轮船进入福州，笋帮公栈老板陈常兴，笋行商号常兴号，于1937年秋，在马尾入海口，毅然投下30船近15万公斤的闽笋干，打破了日军挟其海空优势军备，以空间换取时间，消耗

1 蔡为茂：《永安打造竹业品牌之路》，摘自绿竹缘，无时间，网址：http://www.66163.com/fujian_w/city/ya/lzy/ppyx.html

敌人战斗力，分散敌人兵力，从而达到阻止敌人前进及建设长期抗战力量之目的。古之精卫鸟是衔着木头和石块去填大海，而笋帮是拿着永安闽笋去填海。古之精卫鸟以德报怨，积德行善，填海是为了将来的东海能少几个溺死的孤魂，而笋帮闽笋填海，是为了报效祖国，抵抗侵略，义无反顾。[1]

在2008笋竹节活动期间，永安市笋竹节组委会邀请了中央电视台来永安举办了“乡村大世界:走进福建永安笋竹旅游文化节”大型文艺演出活动[2]，在节目中提到了李宝焌的故事与闽笋填海的传说。笔者在“百度知道”上搜集了一则“关于永安笋竹节传说”的提问，可以视作政府对永安笋竹文化重塑的影响传播案例：

2008-10-20 21:48 回答者：哈哈哈ewq

我知道点啊，好像是永安在上什么年代出现了上面笋竹班（帮），在战争中发挥作用，并且资助留学生海外深造，在福州马尾的什么战役中，笋竹班（帮）用笋干大批大批的倒入海中，说什么是抗敌的，具体怎么做我忘记了主持人讲的，为了纪念这个笋竹班就有了笋竹节啦，呵呵，这是我（2008年10月）18号去看cctv7主持的“走进乡村”大型演唱会听主持人讲的。[3]

这则回答可以视为“笋竹节由来”传说的一次讲述。虽然表述不够清晰，但从这段简略的描述中可见政府在对外宣传时，将笋帮公栈的历史传说、李宝焌的事迹与笋竹节进行了勾连。而笋帮公栈资助留学生海外深造指的正是李宝焌。

过去，李宝焌的事迹由于种种历史原因，并不为故乡的乡亲们熟知。它的发掘者洪顺发[4]因中学“校本课程”编写的需要，在永安市志上发现了一则关于李宝焌事迹的简短记载后，便亲自到李宝焌的故乡走访调研，写出了几篇关于李宝焌生平事迹的文章，陆续发表在福建文学杂志、永安的有关报刊。李宝焌事迹被发掘的初衷与笋竹节本无关联性，它是地方文化精英的文化自觉。但相

1 朱竞．闽笋填海——一段可歌可泣的抗战史[EB/OL]．福建省分布式档案网站系统：http://smya.fj-archives.org.cn/Csmya/shihuaquwen/yonganzhanzhengshihua/622.Html，2008-10-14.

2《乡村大世界：走进福建永安——笋竹旅游文化节》于2008年11月1日18:05分在中央电视台第七套农业频道播出。节目全方位地对永安的笋竹产业、笋竹文化、旅游文化进行了宣传。政府此举的目的是使永安的林竹、旅游与文化精品内容，以及中国十大魅力城市、中国竹子之乡等城市名片，依托《乡村大世界》这一收视人口超过8亿人、央视7套收视率连续6年保持第一的央视大平台走向全国，为本届笋竹文化旅游节的成功举办增强了活力，使永安城市的文化底蕴得到大幅度提高。摘自《2008福建·永安笋竹文化旅游节办节情况汇报》，笋竹节组委会综合协调组，2008年10月20日。

3 摘自“百度知道”。http://zhidao.baidu.com/link?url=RZN4WLeROtY9QZK7kpzs9TDYdSGdjAcXPo0JcIFNzaniHFe4tKb-PD_qOvPql2E4k1qIxPlG0tRrzwp1XHmBxa，2008-10-20.

4 洪顺发，福建省中学语文高级教师，福建省作家协会会员，业余兼任永安文艺散文编辑。参与了1993年中国民间文学三套集成、2013年民间文学丛书的搜集、整理工作，时常下乡采风，热爱家乡。是永安李宝焌研究第一人。

关文章发表后，引起了政府、文化人员和媒体的关注，并进入叶茂中的策划方案中。文化馆馆长罗健对于李宝焌与笋帮公栈的关联性是这样理解的：

这个笋竹文化，其实是有比较深的根基的，中国第一架飞机的制造者李宝焌就是我们永安贡川人，而他制造飞机的钱，就是贡川的笋帮公栈捐给他的，要不然他哪里来的那么多钱造飞机呢？这个是在李家族谱上都有记载的，贡川县志也有记载，可以说他造飞机的钱就是卖笋竹赚来的钱供的，他的钱就是笋的钱，说这是我们永安笋竹经济为中国发展做出的贡献哦！是很值得自豪的。而且笋帮公栈是我们国家历史上第一个、也是唯一的一个和笋有关的交易协会，这个公栈有很明确的规定笋干的制作工艺、保证它的品质、交易要公平。当时对笋干的诚信经营是很重视的，也很慎重，不能乱来，不单是为了卖钱，不是随便的把笋卖出去。有点类似于晋商、徽商那样的。[1]

政府的着眼点是强调永安笋商出资为制造中国第一架飞机做出了贡献，若没有富裕的永安笋商，李氏家族也不可能资助他赴日留学，若没有笋商和笋帮公栈为他筹巨款造飞机，以当时中国的时局，李宝焌很难尽快造出中国第一架飞机。这种关联性被政府和媒体注意到并进行了宣传。在永安电视台节目、永安新闻以及笋竹节期间举办的《欢乐中国行》、《乡村大世界》等节目中都有宣传李宝焌与笋帮公栈的故事，二者与笋竹节的关联性也被提及。这样的勾连重塑了永安笋竹文化的内涵。笋竹节的举办的确让永安人有了更多机会了解自己故乡尘封的历史文化，这也实现了对地方文化的传承。

（二）对民间传统文化的改编

为了填补笋竹节节日传统的缺失。在笋竹节文艺演出的舞台上，每年都会有独特的永安民俗风情展演，这与文化馆对地方传统文化的挖掘工作密不可分。永安文化馆每年都负责安排笋竹节期间的文艺演出和文化活动，馆长罗健认为笋竹节是一个平台：

笋竹节可以从几个方面来理解，第一，从农副产品的角度上看，我们推广的是笋竹，但是借助这个平台，我们也展现了永安的民间文化，展演民俗活动。因为，本来这些民俗活动，它是散落在乡间的，是零散的，可以说它们都太古旧、太原始了，农民、老百姓可能只有在初一和十五的时候，才会有些小范围的、偶尔的、自发的、零散的表演，但是通过我们的挖掘和改造、提升，去其糟粕、取其精华，就可以把它们放到舞台上来展示和表演。其次，它也有利于非物质

1 摘自与罗健访谈录音整理文件。访谈人：赖婷、访谈对象：罗健，访谈时间：2011 年 1 月 29 日，访谈地点：永安市文化馆。

文化遗产的推广，把非物质文化遗产借助这个平台来展演，也使得非遗的概念让更多人了解，也有助于它的保护。[1]

在举办笋竹节之前，一些散落在乡间的民俗艺术形式得不到有效的挖掘和保护，缺少使它们迅速获得政府重视的契机，而笋竹节的举办，对地方传统文化的挖掘变得迫切。官方的支持使一些民间传统文化的保护变得更加的顺利。文化馆馆长等文化工作人员将从乡间挖掘的民俗表演进行改编，陆续推出了一些比较有影响力的表演活动，比如，“龙腾虎跃”“火树银花”——把罗坊乡的稻草龙和大湖镇的树花这两个永安下辖不同乡镇的民俗艺术糅合展演，使永安辖区内非林竹产区乡镇的民俗也成为笋竹节节日文化的一部分。

以文化馆对上坪乡道士做道场跳神的改编为例。据永安文化馆《国家级非物质文化遗产名录项目申报书》介绍：《龙角舞》始于清朝中叶的大略公。在龙共村已有400多年的历史，是当地道士做道场时跳的一种宗教舞蹈，俗称跳神。龙角作为跳神的道具之一，最初取自山中的变形弯笋，待快长成竹子的竹笋来做原材料，但由于在笋长成竹子之间的取材时间不好掌握，所以做出来的“龙角”很容易坏，也不易保存，因此现代逐渐用金属锡做原材料，打制成现在这种全长1.5米，两节可以伸缩呈月牙型的“锡角”。[2] 永安市文化馆的工作人员对“跳神”进行了艺术加工与改编，命名为《锡角舞》：由18名青年男子表演的集体舞。它于2008年成功申报为省级非物质文化遗产。

《锡角舞》与道场上吹锡角、跳大神最大的不同在于语境的不同。笋竹节舞台上演出的《锡角舞》，是非物质文化遗产“作品”的展示，以增加笋竹节的文化内涵，观众也是抱以欣赏舞蹈的态度。而民间做道场时吹锡角、跳大神则具有的宗教语境和信仰的精神意义。但不可否认，改编并成为非物质文化遗产的《锡角舞》，在一定程度上有利于民间道场吹锡角、跳神这一宗教传统的传承。作为“非物质文化遗产”，其相关的传承人获得了社会的关注，有了文化部门给予的资金与政策支持，这一曾被视为封建迷信而被禁止的民间传统重获“自由”，在改编后被应用于笋竹节文化的塑建。

三、竹神的传统化实践

如今，永安有竹神传说、竹神睡石传说、章回体中篇小说《竹神传奇》、竹神庙、

1 访谈人：赖婷，赖世镇。访谈对象：文化馆馆长罗健，时间：2011年1月29日。地点：永安市文化馆。
2 永安市文化馆．国家级非物质文化遗产名录项目申报书[R].2008年11月20日。

竹神雕像[1]、竹（神）娃、竹神牌竹酒、竹神牌竹制品等丰富的竹神“文化”表象。而剥开竹神层层的“传统”外衣，可以看清一个文化符号从无到有的发明轨迹。

（一）竹神的发明

根据叶茂中的策划，永安市林业局提出要建立统一的永安林业品牌，其口号是“竹子的故乡”。并且，要设计一位“竹神”形象，用“竹神”来统一天下竹业。“竹神传达给消费者的应该是一个神的化身，他虚怀若谷，刚正不阿，具有与竹子一样的韧性，能屈能伸且不失高风亮节的品性。”[2]

竹神形象由李祖仁[3]等有美术功底的文化工作人员综合永安自然、历史、人文等元素进行设计，文化馆馆长罗健说当时他们对几组设计筛选后，经过好几稿的修改、改进，才设计出如今我们看到的竹神。它被用作竹神牌产品商标、《乡村大世界走进永安》舞台背景等。罗健等人在创作时把竹神定位于道教神仙，而非佛教神仙，“因为道教是我们中国本土的宗教，我们永安这边本土的基本上都是信道教。上坪地区的道教信仰尤其浓厚。”[4]

竹神象征着永安是传统、古老的“中国笋竹之乡”。它在第一届笋竹节举办时就投入使用，有了竹神这一传统符号的“外衣”，通过填入一系列“传统”文化内容，竹神的内涵愈发丰富。

（二）竹神传说：新编地方性主流传说

竹神

很久以前，浮流国（即现永安）出了位叫“衍公”的奇人，他生性爱竹，终日徜徉在竹林，以竹为伴。一年，天降大旱，河流干涸，万物枯焦，百业凋敝。衍公看在眼里，急在心头，决心为百姓做点好事。他拔起一根竹子，运起法力，驱赶巨石，准备在燕江上筑起一座石壁，蓄水抗旱。此事被天神得知，大为震怒，认为这是对抗天庭，犯上作乱。于是便降落凡间，把即将筑好的石壁破坏。衍公功亏一篑，饮恨燕江。衍公不向天公低头，决意教训一

1 在永安竹雕艺人张克明的竹工艺品展销馆中有竹神雕像及刻着竹神传说的竹制旅游纪念商品。

2 吴继林、黎录松、潘儒龙：《打造永安竹业品牌、实现竹业经济快速发展》，《福建林业科技》，2003 年 4 月，第 30 卷，第 28 页。这三位作者为永安市林业局职员。

3 李祖仁，男，永安市美术书法家协会理事，永安市委报道组编辑记者，永安阿仁智业工作室经理，被评为中国十优品牌策划人。负责过笋竹节活动的策划、竹神形象的设计等。

4 摘自笔者与罗健访谈，访谈人：赖婷，访谈对象：罗健，访谈时间：2011 年 1 月 29 日，访谈地点：永安市文化馆。

下傲慢的天帝。一日清晨，衍公用竹做了支弓箭，张臂挽弓，射向天庭。竹箭挟风携电，径直射向玉皇大帝的金銮殿。这天玉皇大帝恰好贪睡，尚未上早朝，竹箭直射在玉帝的龙椅背上。待玉帝上得殿来，见椅背上插着支箭，大惊失色，忙问左右是为何。太白金星拔下箭看了后说："这是一支竹秆箭，不在豫章（即现江西）在闽越（即现福建）：金箭头，银箭尾，不在沙县、在浮流。"玉皇大帝听后，下令天兵天将到浮流国捉拿施放冷箭之人。天兵来到浮流国，深入竹林搜捕衍公。只见竹林内有个须发飘飘，手持一根竹笛的人在出没。天兵砍倒所有竹子，可就是抓不着那个留着长须的奇人，只好悻悻地返回天后命。玉皇大帝听罢禀报，叹道："这个在竹林出没的不是凡人，只能是竹神啊！"只好下令龙王降雨，消弭永安的旱情。 雨水一降，一棵棵竹笋拔地而起，竹林又是一片郁郁葱葱。从此，永安人把衍公尊为"竹神公"，拜供奉起来，以纪念这位解永安于倒悬的奇人。[1]

若以局外人的视角，在百度中输入"竹神"，就能在百度百科中看见这则竹神传说，其解释竹神是中国神话人物之一。此外，该传说还出现在永安新闻网、永安旅游网、中国竹业等网站。而本则传说是由罗健、戴中平等文化工作人员结合地方风物传说构思创作的对外宣传文本。根据王尧对地方性主流传说[2]的定义，可将其视为地方文化工作者创作的新编地方性主流传说。作为进入公众媒体报道的对外展示本文，它流传的平台多见于网络，笔者在田野中曾多次请被访者讲述与竹神有关的传说或故事，并未听到与这一版本相似或一致的讲述。而 2013 年 3 月 28 日，竹神传说在网络平台的流传中产生了如下"异文"——衍公竹酒传说。笔者对关键信息的变异标注如下：

传说远古时闽越国[对浮流国的替换]有位奇人名叫衍公，生性爱竹，能以竹酿酒[添加]，终日徜徉竹林。有一年，天降大旱，万物枯焦，百业凋敝。衍公决心解救百姓于困苦。他运起法力以竹杆驱石，欲在江上筑一座石壁，蓄水抗旱。此事被天神得知，大为震怒，认为这是对抗天庭，犯上作乱。便降临凡间，把即将筑起的石壁毁坏。衍公功亏一篑。衍公不向天公低头屈服，决定教训一下傲慢的天帝。一日清晨，衍公做了一支竹箭，挽弓射向天庭。竹箭挟风携电，径直射向玉皇大帝的金銮殿。这时玉帝恰好还没上朝，竹箭直射在玉帝的龙椅背上。玉皇大帝上朝后，见状大惊失色，连忙问左右怎么回事。太白金星说：

1 摘自百度百科"竹神"条目。http://baike.baidu.com/view/2202757.htm

2 "新编的地方主流性传说"是指地方文化工作者出于某种动机将其自发编纂的传说纳入广泛通行的权威写本中，或是进入公众媒体的报导，使其成为地方上对外展示的代表性文本。摘自王尧．新编的地方主流性传说之研究——以湖南永州的尧舜传说为中心 [J]. 民间文化论坛，2012(6)：52.

此竹箭也，金头银尾，非在豫章（南昌）应在闽越（武夷山）[删除了“不在沙县，在浮流”]。玉帝知道后立即下令天兵天将下界擒拿。天兵来到闽越国，进入竹林搜捕衍公。衍公在竹林里时隐时现，美髯飘飘，提着竹节饮酒。天兵把所有的竹子都砍倒了仍然抓不到衍公，只好无功而返，回天庭复命。玉皇大帝听罢禀报，赞叹：这个竹林内的人并非凡人，乃竹神也！于是令龙王降雨，消弭闽越之旱。大雨过后，万竹拔地，风禾尽起。闽越国从此把衍公尊为竹神，世代供奉。如今，竹酒这个武夷山悠久的古老文明里一个失传的技艺，在现代科技的帮助下，又在闽越武夷山的这片生态土壤上重新焕发异彩。[添加][1]

本则异文通过对原文相关信息进行替换、删除、添加，成功地将竹神塑造为竹酒的发明者，为衍公竹酒这一“失传”的技艺正名。武夷山竹娘酒业有限公司在打造衍公竹酒品牌时，与永安市笋竹节打造竹神品牌的思路相似，借助地方传说以争取话语权，而流传于网络平台的永安竹神传说提供了可借用的范本，对关键信息添加改动后即被用于竹酒文化品牌的传统化实践中。

传说的配图叙事（摘自衍公竹酒网）

（三）《竹神传奇》与竹神睡石传说的传统化

在竹神传统化实践中，杨家源[2]是一位重要的传统化实践者。他是上坪乡土生土长的竹农，又是熟稔地方文化的民间知识分子[3]，他有能力将上坪地区的民

1 摘自武夷山竹娘酒业有限公司的官网，该公司于2013年1月成立于福建武夷山市，于2012年3月创立衍公竹酒的品牌。本则传说题名为：衍公竹酒趣图文化，佚名。网址：http://www.ygz9.com/?p=114，2014-03-08.

2 杨家源别名竹峰，1957年生于永安，初中毕业后便回上坪乡龙共村务农，现任上坪乡龙共村竹业协会秘书。喜爱文学，著有章回体小说《竹神传奇》。

3 根据陈泳超对民间知识分子的定义：民间知识分子的特点在于非但有相对较高的文化程度，而且对于地方习俗有强烈的介入意识，他们既熟稔当地流传的各种传说形态，同时又有意识地加以选择和改造，积极影响着广大民众。民间知识分子占据着民间知识的话语权，并且实际引领着民俗的整合与变异的走向。参考陈泳超．民间传说演变的动力学机制——以洪洞县“接姑姑迎娘娘”文化圈内传说为中心[J]. 文史哲，2010(2):45.

间传说故事与他个人的文学素养加以整合，写出了《竹神传奇》与竹神睡石传说，掌握了一定的民间话语权，实现了对地方民间文化的塑建。

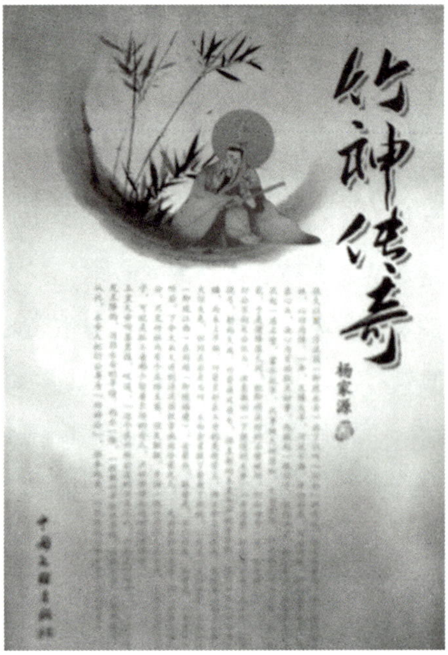

《竹神传奇》封面

竹神形象使用后，为了丰富其内涵，第二届笋竹节举办期间，政府号召竹乡收集民间传说故事，以打造一套系统的竹神传说。上坪乡文化站站长陈上湖请由杨家源用“民俗的语言”写竹神的传说故事。若竹神传说是竹神“身世”由来的雏形，那么杨家源创作的章回体中篇小说《竹神传奇》则是对竹神从出生至得道成仙故事的系统叙述。它讲述竹神如何从一位石头里出生的灵童成长为统领民众打败天兵天将，保卫家乡不受天界侵犯的英雄领袖人物，与《西游记》中孙悟空的形象极为相似。小说情节梗概如下：天地初分，人类诞生。在海天之间竖立着一根擎天巨柱子，分为两段后，一段成为东海龙宫的定海神针（即孙悟空的金箍棒），一段成为了天宫的镇宫宝杖。一日三仙女下凡与人间黄龙太子结合，玉帝得知后派兵捉拿三仙女回天庭，三仙女将仙胎置于竹林青石中，偷将镇宫宝杖化为金竹宝杖，以庇佑仙胎。竹神从青石中出世后被浮流村龙山老道收养长大，他用金竹宝杖庇佑竹山和百姓。玉帝欲夺回金竹宝杖，派出天神天将前来浮流围攻竹神，经过几个回合的斗争，竹神获得胜利，拯救了天下。于是，皇帝拨款在当地建起了竹神庙以纪念这位庇佑竹山和百姓的竹神。

小说建构的这套话语体系详细地解释了竹神的身世之谜、竹神的成长经历、竹神金竹宝杖的由来、竹神庙的由来、制作笋干工艺的由来等，重构了中国神仙的“神谱”，抬高了竹神在神谱中的地位。小说中出现的重要神话传说人物有天宫神、盘古神、玉皇大帝、太上老君、二郎神、雷神、花神、六仙女、三仙女、孙悟空、嫦娥、八仙等等。故事情节融合了盘古开天辟地、人类起源神话、嫦娥奔月、沉香救母、董永与七仙女、《西游记》、《聊斋》、八仙过海等神话、传说、故事，内容丰富，塑造了一位法力无边、受人敬仰的竹神形象。这是作者在中国传统文化积淀基础上发挥个人想象力的写作，同时结合了上坪地方的民间传统故事，无论是语言风格还是故事情节都呈现“类传统”的形态。

小说出版[1]后，主要作为笋竹节会展活动赠书，或在永安市林业要素市场的竹工艺品展览馆与其他笋竹旅游产品一同售卖，还有一小部分给了地方文化工作者及上坪乡的部分村民，是对外宣传竹神传说的主流文本。无论对局内人或是局外人而言，都有助于树立竹神的传统形象。

笔者曾在家中问起家人知不知道竹神，笔者的舅母意外地说起她到上坪乡一户人家做客时读过《竹神传奇》，她对竹神的存在持认同态度。

舅舅：竹神我是没听过。

舅母：竹神是个神话，那是有哦！你（指笔者舅舅）不知道不要乱说。上坪有个人就是专门写这个是怎么来的，我看过。里面还有一些古文，我是看不懂，就看了下这个竹神是怎么来的，这些是有的，你要知道就去拿来看，我是记不住具体的了。

赖婷：这是上坪当地的传说吗？当地人都会说吗？

舅母：应该是当地的吧，那个人（杨家源）自己也有去查历史的一些，也写上去的勒。

赖婷：那是真的吗？

舅母：真的还是假的我就不清楚了，像西游记什么的都穿插在里面哦。[2]

笔者的舅母对上坪民间文化并不熟知，小说给她留下了上坪乡有一位竹神的印象，而这位竹神的经历丰富，法力无边，还教会了上坪人制作笋干。

杨家源的另一创作《竹神睡石的由来》，是他为九龙竹海森林公园的竹神睡石景点而创作的“类传说”，同样是模拟了民间传说的情节、语言而进行的文人创作，其情节梗概如下：

古时上坪乡龙贡村一带有一位修炼千年的蛇妖，人首蛇身，自谓女娲后裔。蛇妖吃了龙贡村所有牲畜并要求百姓立庙祭祀，每年冬至，还要献上童男童女各十名。百姓派出全村最强壮的五勇士到永安县城关的竹神庙祈求捉妖伏魔，却被蛇妖杀害。马氏仙姑发现后前来降伏蛇妖，反被蛇妖打伤，便赶赴竹神庙向正闭关修炼的竹神求助。竹神闻之大为震怒，原来蛇妖是他制造竹子本源时，于竹叶间天然生成的一条小蛇，未成想千年之后，它竟修炼成妖，残害百姓。

1 杨家源在已出版的小说后记中说：“我花了一年多的时间，追索竹神圣地古迹神踪，收集竹神传说故事资料，利用两个多月的晚上时间，编写成神话故事，于 2005 年 6 月完成初稿，由于本人经济有限，没有出印这册书。2007 年七月福建省林业厅厅长到永安上坪竹子科技园区视察工作时，得知此书还没出版，十分关心，全力支持，以省林业厅名义拨专款支持出版此书。”摘自杨家源 . 竹神传奇 [M]. 北京：中国文联出版社，2007:134.

2 访谈人：赖婷，访谈对象：张敬灿（笔者舅舅），谢致庄（笔者舅母），访谈时间：2012 年 7 月 11 日，访谈地点：笔者家中。

既要修仙增长功力，又要护民的竹神，决定在樟坂村与龙共村之间的路口处以睡罗汉姿修炼心法，是为竹神睡石。而后，竹神在山神的帮助下，幻化成千万竹兵搜捕蛇妖，最终蛇妖被竹神镇压在竹神睡石之下。[1]

竹神睡石类传说结合了永安民间的仙嬷信仰[2]和山神信仰。马氏仙姑又称马氏真仙，永安百姓尊称她为“仙嬷”。仙嬷信仰是永安民间本土信仰，仙嬷庙香火甚旺，信众颇广，自古以来，相关的传说及灵验故事众多。它与山神信仰都是上坪地区较为传统的信仰基础。而本则类传说不仅将竹神与马氏仙姑和山神相勾连，且竹神的地位高于马氏仙姑，正是借助更具本真性的传统完成本则类传说的传统化实践。

由于本则类传说依存于竹神睡石景点，主要受众指向九龙竹海旅游景区游客，对游客而言，它成为有物为证的“真实”。只有当景区营业并由导游向游客讲述时，它才能“活”起来并产生传播的价值。但目前九龙竹海景区的发展存在诸多问题，笔者 2013 年 2 月再访九龙竹海时，经营景区的公司因经济纠纷而倒闭，景区无人管理，更无导游。本应依靠导游讲述而存的竹神睡石类传说由此失去了口头流传的平台。

2013 年 5 月，永安市民间文学编委会出版了 1983 年、1987 至 1991 年、2012 年这三次民间文学收集整理成果选编的《永安民间谚语歌谣》及《永安民间故事集成》。而在《永安民间故事集成》中收录了本则类传说，名为《永安“竹神睡石”的由来》[3]，这则个人创作的类传说进入官方文本，成为地方民间文学的代表作之一，拥有与其他更具本真性的民间口头传统等同的地位与价值。这一“权威化”的过程也是竹神睡石类传说传统化的一部分。

（四）竹神庙的“重建”

竹神庙（又名竹神禅院）同竹神睡石一样，位于永安市上坪乡九龙竹海森林公园内。在小说《竹神传奇》的结尾阐释了竹神庙的由来：

皇帝拨出皇银派官员到天龙山监建竹神庙，庙中雕刻了一尊手持神竹宝杖的竹神公像。竹神庙建成后，乡民们从四面八方涌来敬竹神，一年四季香火不断，为了纪念这位对凡人有大恩的竹神，定农历三月初三为竹神节，每年此日纪念活动热闹非凡。但因竹神与雷神结仇，雷神经过天龙山时用雷火把竹神庙焚毁了，

1 根据《永安“竹神睡石”的由来》整理。摘自陈胜智．永安民间故事集成（内部资料）[M]. 永安市新华教育印刷有限责任公司，2013:100–102.

2 永安地区仙嬷信仰浓厚，除了有马氏仙姑信仰，还有林氏仙姑信仰。

3 笔者一直在关注着竹神传说与竹神睡石传说能否被《永安民间故事集成》收录，本书出版后，全书关于竹神的传说故事只见到这一篇《永安“竹神睡石”的由来》，并未见到竹神传说。

《永安民间故事集成》封面及《永安“竹神睡石”的由来》配图（图中竹神位于中间，马氏仙姑居上方，蛇妖居下方。）

此为遗憾。[1]

另一则关于竹神庙由来的说法是永安市竹神庙协会执行理事长游小峰[2]发表在中华易经学术研究总会网上的一篇文章：

永安竹神禅院位于福建永安市城南 12 公里国家级森林公园九龙竹海，创建于明景泰六年（即 1455 年，永安景泰三年正式设县），因战乱多次被毁，明清两代历经修缮，规模宏伟，主体建筑占地 10 万平方米，集儒、释、道三家为一体，开教派和谐相处之先河。被誉为“东南第一禅林”。文革惨遭重毁。福建永安市绿都投资有限公司经政府同意，并在政府的关心支持下重建竹神禅院。古建筑重修工程已经基本完工。[3]

杨家源、游小峰为竹神庙的“重建”构建了以上两套话语。杨家源说：“竹神其实就是我们自己弄出来的，真正有谁知道呢！谁也不知道，就是我们永安为了弄这个品牌去弄来，弄弄旅游，热闹热闹，真正竹神从哪里来的，谁知道呢，

1 杨家源．竹神传奇 [M]．北京：中国文联出版社，2007：131．

2 游小峰：有全球华人百佳风水地理师、全球华人易学风水专家、中国杰出风水名师、中国楼盘风水评审大师、中国易经学术研究总会会长、中国易学堪舆学院名誉院长、中国风水科学研究院名誉院长、中国永安竹神庙主持等头衔。

3 游小峰，无时间，中华易经学术研究总会：http://www.zgyjing.com/News_show.asp?id=152

没有记载，也没得考证，就说是失传了”[1]。“失传”的处理的方式用在竹神庙的建构中即“屡遭焚毁，如今重建”。游小峰的话语出现时间晚于杨家源，是对杨家源版竹神庙由来的扩充。他将竹神庙的建造的时间往前推至明景泰六年（1455 年），与永安县存在的历史同样久远，并说竹神庙曾因战乱多次被毁，明清两代历经修缮，还为如今新建竹神庙找了一个理由——因文革遭毁而重修。游小峰作为“风水名师”全程参与了竹神庙的选址、勘测风水、主持开工仪式及建成后的开光仪式。他还借助中华易经学术研究总会网站、厦门易经网及个人网易博客发表博文宣传竹神庙，如称永安竹神庙是中国乃至世界第一座竹神庙，强调竹神庙是在政府的关心支持下重建而非新建，在网上发布竹神传说、《竹神传奇》小说连载，展示竹神庙及竹神像照片等。

原竹神庙中的竹神像

竹神庙由永安绿都旅游地产开发公司出资新建，[2] 于 2009 年 12 月正式开工，2010 年春节期间建成。据上坪当地的杨光炳老人回忆，竹神庙供奉有竹神、土地公、三圣公、观音菩萨。盖竹神庙的地方以前没有庙，只在地上有一个“三圣公”石像，以前这附近的人在开山挖笋前都会先来这边拜下“三圣公”，希望保佑竹山，让竹子长得好，多出笋，不长虫。而竹神庙建好后，三圣公也“入住”竹神庙。汇集了永安民间本土信仰的竹神庙是一个道、佛、民间神信仰的综合体，竹神庙的塑建者将竹神摆在中间，处主神地位，观音菩萨、土地公、三圣公这些传统神灵居左右。用这种方式抬高了竹神在地方信仰神中的地位。管理竹山、庇佑笋竹行业的竹神是对竹农原有的山神信仰、菩萨信仰、黄石仙师信仰的置换。建竹神庙的意义，不仅为了开发旅游，也为了巩固竹神的地位，促成民间形成竹神信仰。

笔者初次到景区做田野调查的时间是 2011 年 2 月 15 日，竹神庙因开发商与工人的经济纠纷问题，[3] 房门紧闭，庙中供奉的神像也未能一睹究竟，景区鲜有

1 访谈人：赖世镇，访谈对象：杨家源，访谈时间：2013 年 10 月 18 日。访谈地点：曹远镇杨家源家中。

2 竹神禅院理事会组成：理事长蔡芳灿（永安绿都旅游地产开发有限公司董事长）；执行理事长游小锋（全球华人百家风水地理师、中国楼盘风水评审大师）；理事余东辉（永安绿都旅游地产开发有限公司董事）、杨国养（永安绿都旅游地产开发有限公司九龙竹海旅游开发项目董事）、杨家钟（永安绿都旅游地产开发有限公司九龙竹海旅游开发项目董事）。

3 开发九龙竹海的永安市绿都旅游地产开发有限公司一直未能交付建竹神庙的工钱，工人锁住庙门，不肯交出钥匙。

竹神庙外观（左图摄于 2011 年 2 月，右图摄于 2013 年 3 月）

游客。而笔者第二次到景区做田野调查是 2013 年 2 月 27 日，竹神庙房门半开，屋内已破乱不堪，竹神庙内神像的去向不明，只留下一幅残破的景象，院内杂草丛生，人迹罕至。竹神庙失去了进一步塑建竹神的功能，它的传统化实践可以说是不成功的。

（五）竹神娃与竹神节

在 2012 年 10 月 18 日举办的永安市全民健身运动会上，竹娃作为吉祥物尤为引人注目。它作为奖品被颁发给了获奖运动员，在市运会开幕式上也有众多竹娃景观造型，而它的名字也经历了一次从竹神娃到竹娃的转变。

市运会会标及吉祥物出炉

日前，在永安市运会组委会、专家、设计师的共同努力下，经过一个多月的精心创意、设计和完善，该市首届全民健身运动会会标、会旗、会徽和吉祥物新鲜出炉。吉祥物以永安民间传奇故事“竹神”为题，以永安绿色之都为文化基调，并将传说中的“竹神”之子——“竹神娃”作为创意设计重要元素。卡通人“竹神娃”的头部造型是一个绿色可爱、聪明、健壮的笋宝宝形象，象征着燕城人爱健身、爱运动、爱拼搏的体育精神。[1]

这则报道于 2012 年 9 月 13 日发布于今日永安网上，文中阐明了竹神娃形象设计的由来，其被赋予了竹神之子的身份。竹神的发明为后来与笋竹文化相关的一系列塑建提供了可提取与加工的资源。

而在 2012 年 10 月 18 日市运会举办期间，官方对市运会的报道中，吉祥物被称为“竹娃”而非“竹神娃”。正如奥运会五个吉祥物代表了五种传统文化元

1 陈莉莉．市运会会标及吉祥物出炉 [EB/OL]．今日永安网：http://www.jryaw.com/html/2012/shjw_0913/14013.html，2012-09-13.

市运会上的竹娃形象

素一样，永安竹娃作为吉祥物，也融入永安本土的传统文化，即使竹神之子“竹神娃”是当下再新不过的发明，它也穿上了传统的外衣。

竹神娃只出现在 2012 年笋竹节期间，此后，笔者未在其他场合见过竹神娃的身影，与此相似，农历三月三的“竹神节”也只举办过一次。

小说《竹神传奇》的结尾提及：古时，当地百姓为了纪念对凡人有大恩的竹神，定农历三月初三为竹神节。2009 年农历三月三，由永安市上坪乡旅游开发筹委会主办、永安市九龙竹海旅游有限公司承办的竹神文化研讨会，作为第一届竹神节在九龙竹海景区举办，活动内容有祭竹神，请道士做道场、吹锡角，请宾客畅游“竹神故里”，品笋竹宴，饮竹神酒，共庆竹神生日。在日期的选择上，竹神节与当地的三月三上巳节重合，因为三月三前后，笋的长势旺，是竹农采笋的繁忙季节，当地自唐宋以来也保留有三月三的过节习俗，家家户户做艾果，宴请亲友，相互馈赠。而将竹神节与上巳节的过节意识和形式粘合，可以借上巳节的节日氛围，吸引游客，鼓励人们选择在竹神节这一天到九龙竹海游玩。以发展旅游经济为目的的竹神节是笋竹节的小型翻版，规模虽小，但同样进行了传统化实践。

四、总结

通过前文对笋竹节及竹神传统化实践过程的梳理，在此结合“传统化实践”这一理论工具对笋竹节与竹神的塑建进行简要分析。永安笋竹节的传统化实践展现了笋竹文化犹如“生命树”的动态生长过程。

永安笋竹文化的历史积淀像是树根一样支撑着笋竹节的传统化实践，这一历史积淀体现在永安当地有较为传统的笋竹产品加工与制作技艺；永安当地流传有与笋竹相关的传说、故事、歌谣、谚语等民间文学；有笋竹行业习俗、相

笋竹节传统化实践图示

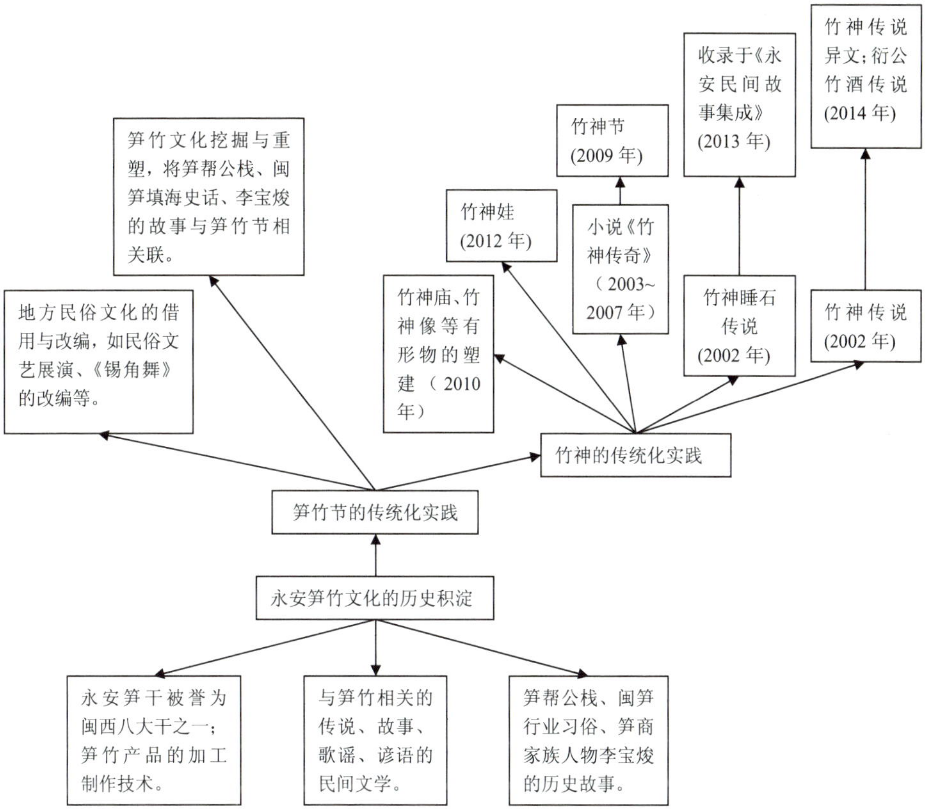

关的信仰与仪式、笋帮公栈及李宝熜等与笋竹相关的历史史话。

在永安较为深厚的笋竹文化积淀上塑建的笋竹节，受近年来中国社会流行的“文化搭台、经济唱戏”的大环境影响，在永安笋竹节的案例中，地方领导人的主政理念是维持节日发展的主要动力。笋竹节的诞生主要来自地方领导人基于地方文化资源优势的构想，由专业策划师叶茂中进行策划，政府根据策划方案逐步展开，这一过程由政府、地方文化精英、民间知识分子与民众共同实践，使其逐步成为推动地方经贸、文化、旅游发展的平台。12 年来，笋竹节与笋竹文化代言人“竹神”的传统化实践呈现了笋竹文化的动态生长过程。这棵“生命树”伸展出了三根主要的枝干。

第一根主枝干是吸收、借用、整合永安地方文化，对永安笋竹文化进行挖掘与重塑，如对李宝熜与笋帮公栈的挖掘与宣传。第二根主枝干是对地方传统民俗文化的借用与改编等，如上坪道教跳神仪式被改编为《锡角舞》搬到节日舞台上演出。第三根主枝干是主动发明新的“传统”，包括竹神、竹神传说、章回体小说《竹神传奇》、竹神睡石传说、竹神庙、竹神节、竹神娃等。

生命树的动态生长过程在竹神的“发明”上体现得较为明显，2002年，竹神形象由专业策划师设计成形后即被用于永安竹业品牌的打造，之后诞生了罗健、戴中平等文化工作人员一同构思创作的新编主流性地方传说——竹神传说。其在2014年产生了一则异文，即衍公竹酒传说，通过对原文重要信息的删改与添加实现了对竹神传说的借用。这是生命树的分枝干之一。

第二根分枝干是2002年产生的竹神睡石传说，它是上坪竹农杨家源的创作，用于九龙竹海森林公园景区的景点“竹神睡石”的传统化。在2013年永安市最新出版的民间文学权威书籍《永安民间故事集成》中，它被收录其中，被当作具有本真性的民间传说。

第三根分枝干是2007年出版的章回体小说《竹神传奇》，它是上坪竹农杨家源结合当地民间文化积淀与个人想象于2003年开始创作的，为竹神的生平经历进行了系统的话语构建，其中提及的竹神庙与竹神节，为2009年举办竹神节与2010年建造的竹神庙提供了传统化实践的基础。

第四根分枝干是竹神庙、竹神像这类有形物的塑建。竹神庙极有可能为竹神信仰的产生提供条件。但随着九龙竹海景区开发的失败及经济纠纷等原因，竹神庙成了一间废屋，庙中也无神像。它的传统化实践没能继续。

第五根分枝干是竹神娃，它是政府为举办2012年永安市运动会而设计的吉祥物，其宣称以民间传奇故事竹神之子为设计元素。但在市运会举办的报道中，它被称作竹娃，而非竹神娃，神字被去掉了。

综上，笔者认为笋竹节的传统化实践源于地方主体的政治、经济、文化等方面对传统的诉求。经济现代化并不意味着消灭传统，驱赶传统，在一定条件下，它反而成为了传统复兴与发明的动力之一，能被借用的是具备相应“价值”的传统，而被“选中”的传统，既要符合地方经济与文化发展的需要，又与地方领导人、文化精英、民间知识分子的主观能动性有很大关联，某一传统的复兴与发明是必然性与偶然性的统一。关于传统化实践的主动发明，在竹神的发明中，民间实际上并不缺乏“笋竹行业神”信仰与相关传说，比如民间本土的笋竹行业神信仰——黄石仙师信仰以及竹神原型之一的杨大童传说，政府并未直接借用，一是因其受众小，知名度低，名声不响，不利于宣传与打造；二是其已有一套相应的信仰与文化基础，反而不利于发明创造，从而促成了一位符合文化品牌塑建诉求的竹神的发明。不断生长累加的竹神文化具备了以下功能：为传统的永安笋竹文化代言，为进一步的传统化实践奠定基础，为将来的“传统的发明”提供素材，它为我们揭示了传统化实践的过程、作用与意义。

民众参与性与端午节庆的内涵转变

刘　畅

游客的多寡是评判旅游产业兴旺与否的最重要标准。嘉兴市举办的一系列端午节庆活动，在将民俗节庆纳入开发旅游活动的过程中，突出了节庆活动中民众参与的重要性，并以此为准绳，创造群体活动，由此改变了民俗节庆的内涵。据笔者观察，改变包括两个层面。一个是以裹粽子比赛的组织方式为代表的象征符号层面；另一个以将端午节庆纳入 2013 年嘉兴市的“四季旅游”规划为代表的习俗层面，二者的结合完成了端午节庆内涵的转变。

一、作为象征符号的粽子

裹粽子比赛是依托粽子生产过程中的一部分环节而创造的群体性的游戏活动。作为一个游戏，按赫伊津哈的定义，“游戏是在某一时空中自愿进行的活动或事业，依照自觉接受并完全遵从的规则，有其自身的目标，并伴以紧张、愉悦的感受和‘有别于平常的生活’的意识。”[1] 游戏有其自身的价值——“除了快乐之外，游戏没有任何其他方面的目的。”[2] 因而，“为实现这个不可分割的目的，游戏制定了一系列的内部规则，从而保证游戏活动具有一种形式上的美感，并以

[作者简介] 刘畅，中国社会科学院研究生院文学所 2013 级硕士研究生。

1 [加] 约翰 · 赫伊津哈．游戏的人 [M]．多人，译．北京：中国美术出版社，1996：30.

2　陈连山．游戏 [M]．北京：中央民族大学出版社，2000：5.

此吸引游戏者，娱乐游戏者。”[1] 裹粽子比赛是用一个象征符号填充一个固定的游戏形式的行为，因此，它依靠象征符号和游戏本身两个层面吸引民众的参与。笔者将首先揭示把粽子的象征功能最大化的行为，之后分析作为比赛道具的粽子所获得的新的内涵。

在端午节举行裹粽子比赛，是经过“选择”后的最优结果。时间的选定依据是否能够激发参与者最大的兴趣，它将粽子的象征作用所带来的吸引力发挥到极致。粽子原名“角黍”，它的形制、馅料、功能彼此关联密切，同时在不同时代和地域逐渐演进和分化。追根溯源，“角黍”二字作为两个基本特征表明了粽子的形制和馅料。粽子当有角，而应以黍裹其他食料为馅。经考证，角黍是应时之物，古时最早以黍裹龟肉为馅，取“阴内阳外之形，所以赞时也”之意，在夏至日和端午节时食用。[2] 端午食用角黍是由夏至日食用演变而来，古时认为夏至日是阳气极盛之时，自此之后阴阳逆转，阴气渐强，五毒生发。在这一天食用角黍，一则为祭祀地神，保证阴阳顺利流转；二则为通过食用此象征阴阳调和的食物安全度过这个危险的时日。在此基础上，粽子成为端午节的象征符号，而带角的形状、有包裹的粽叶、用来祭祀成为“粽子”最核心的概念元素，多样的形制、丰富的馅料、多元的功能在这个框架内发展。就嘉兴而言，形制上，主要可分为三角粽和四角粽；粽叶材料的使用上，主要可分为箬叶、芦苇、笋壳和蒿草；馅料的选择上，有灰汤、白糯米、赤豆、红枣、肉等；功能上，主要有端午食用、清明祭祀以及催生、丧葬等人生仪礼。概言之，粽子超越了原初的内涵，不单作为端午节的时食，同时因“粽子”的谐音、食用时解开绳子的步骤、精心的做工使得它在其他仪式中也占据了重要的地位。然而，在嘉兴地区关于粽子的传说，始终被越王粽与“伍子胥临终传粽子”所占据，它们与五月初五祭祀伍子胥相关联，不断强化着本质上作为时食的粽子与端午节的联系。[3] 诚如谚语之言“未食端午粽，布袄无人送”[4]，其作为端午节象征符号的地位无可撼动。

裹粽子比赛成为端午的一个节庆活动正是在此基础上形成的。换言之，从范围上看，嘉兴地区清明节时用粽子祭祖与端午节时食用粽子的广泛程度不相上下，它也具备举办比赛的条件。但粽子作为端午节的象征符号在嘉兴范围内影响力是最强的，也是在全国通用的，因而也为更大范围的吸引群众参与提供了条件。

1 陈连山．游戏［M］．北京：中央民族大学出版社，2000：13．

2 黄石．端午礼俗史［M］．台北：鼎文书局，1979：18．

3 杨秀主编．中国端午节·嘉兴卷［M］．桂林：广西师范大学出版社，2013：200．

4 张勃主编．中国端午节·史料卷［M］．桂林：广西师范大学出版社，2013：329．

二、作为比赛道具的粽子

粽子作为象征符号，获得了成为一个新活动的核心道具的条件，它将新活动与旧民俗串联起来，保证前者不至于在端午节庆时显得过于突兀。而包裹在其象征符号下的游戏形式，使得游戏的娱乐性质渗入粽子的内涵之中。

首先，裹粽子比赛因其逐层的公开竞争机制，使民众得到广泛的调动，令粽子获得新的内涵成为可能。以2013年嘉兴举行的“五芳斋杯”裹粽子比赛为例，其比赛组织如下：

主办单位：嘉兴市节庆办

协办单位：五芳斋集团公司

责任单位：市食品工业协会、市台办、南湖区、秀洲区、嘉兴经济技术开发区

报名：5月起，在嘉兴市南湖区、秀洲区、经济技术开发区内的10个街道（镇）报名参赛。

预赛：市民赛：5月20日起，报名的各街道，十场比赛，从报名的500名民间选手选出80名进入决赛。

台胞赛：6月9日，嘉和北京城广场，从报名的选手中选出30名进入决赛。

决赛：市民赛：6月12日，梅湾街西舞台，分四组比赛，角逐冠、亚、季军。

台胞赛：6月12日，梅湾街西舞台，产生一名冠军。

精英赛：6月12日，梅湾街西舞台，粽子生产企业推荐30名员工参赛，角逐冠、亚、季军。

评判标准：5分钟内，包出“无破损、扎线牢固、不脱线、不漏米、不漏馅儿”的粽子越多者优胜。

评判尺度：包裹数量、外形美观度、外形匀称度。

可以看出，在端午节庆之前，群众已经开始被调动起来。通过公开竞争选拔的方式，民众参与的范围次第增加，参与者不单只是参赛者，同时包含了参赛者的家人以及纯粹的观众，它是一个小范围集聚到大范围吸引的过程。因为选手大多来着坊间百姓，此活动对民间生活进行了最直接的调动。

其次，根据《中国端午节 · 嘉兴卷》中嘉兴市各区县的端午民俗调查报告，笔者将上文所提粽子在嘉兴市的不同特征进行了粗略整理[1]：

1 整理自《中国端午节 · 嘉兴卷》下篇各县市的调查报告。

	形 状	馅 料	粽 叶	绳 子	功 用
南 湖	三角 四角	灰汤 白糯米 甜（赤豆／红枣） 咸（肉）	箬叶 芦苇叶	稻草 棉绳 塑料绳	端午食用 农耕食用 清明祭祀 人生仪礼 （嫁娶、丧葬）
秀 洲	四角	灰汤 灰仓 甜（赤豆／红枣） 咸（肉）	笋壳	稻草	端午食用 清明祭祀 人生仪礼 （催生、丧葬、新房）
嘉 善	三角 四角	白糯米 甜（赤豆／红枣） 咸（肉）	箬叶 蒿草	稻草	端午食用 清明祭祀 人生仪礼 （催生、丧葬）
平 湖	三角 四角 方形	甜（赤豆、红枣） 咸（肉、竹笋）	箬叶 芦苇叶	稻草 棉绳	端午食用 农耕食用 端午祭灶 清明祭祀 人生仪礼 （嫁娶、催生、丧葬、新房）
海 盐	三角 四角	白糯米 蚕豆 甜（赤豆／红枣） 咸（豆瓣／肉／笋干）	箬叶	稻草 粽叶	端午食用 农耕食用 清明祭祀
海 宁	三角 四角	白糯米 甜（赤豆／圆豆／红枣） 咸（肉）	箬叶 笋壳	稻草 络麻绳 棉绳 塑料绳	端午食用 夏至食用 人生仪礼 （催生、丧葬）
桐 乡	三角 四角	白糯米 甜（赤豆／红枣） 咸（肉）	箬叶 芦苇叶 笋壳	稻草 棉绳 塑料绳	端午食用 清明祭祀 人生仪礼 （嫁娶、催生、丧葬、新房）

通过表格，可以轻易寻找出两个从实体到内涵都完全不同的粽子，比如在丧葬仪式上使用的用白绳编、用芦苇叶裹的白米尖头粽与催生时相送的用稻草编、用箬叶裹的四角红枣粽。游戏的组织规则是标准化。在当下，粽子形制、馅料、粽叶选择上的趋同，与粽子商品化的推动有关，但作为游戏规则，它是在端午节时普遍食用的粽子形制基础上的进一步规范。在规范中，粽子的内涵被不断抽离出来，并最终形成作为游戏道具的一个专有内涵。以上文所提的比赛组织

为例，裹粽子比赛的用材是白米、红豆、箬叶、白棉线，形制是四角粽。它将其他形式排除在外。同时，比赛时限、粽子的完成度也被规定。在搭好的舞台上，固定时限内，统一规则下，游戏获得了一隅“超越日常生活”[1]的时空。

正如当我们谈论足球运动时，我们谈论的是足球的规则、战术及其文化，而绝少是足球这个道具。同样，在全民参与的裹粽子大赛比拼时，人们关注的是捋粽叶、填糯米、缠绳子的技法，追求的是速度，在这之中，粽子的日常食用、清明祭祀、人生仪礼甚至端午节的象征等意义都被抽离，人们只感受到竞争机制所带来的紧张和愉悦。粽子被赋予了全民娱乐的内涵。

三、一个城市语境下的端午

正如裹粽子比赛的组织形式中所展示的，政府带动下的群体游戏活动使得端午的象征符号获得了全民娱乐的内涵，作为整体的端午节庆也被纳入以政府主导的城市语境之中，在发展旅游的目的下，被重塑了边界。“在传统被发明的地方，常常并不是由于旧方式已不再有效或是存在，而是因为它们有意不再被使用或加以调整。”[2]在城市语境中，政府以城市为单位举办群体性活动，调动本城市内的民众，并依靠城市整体的影响力，吸引其他城市的民众参与。从2013年中共嘉兴市委印发的第19号文件中便能窥伺一二。此文件涉及“2013中国·嘉兴端午民俗文化节”的总体方案，与端午民俗有关的活动排列如下[3]：

2013年6月9日　嘉兴大剧院　2013中国·嘉兴端午民俗文化节开幕式暨嘉兴撤地建市30周年纪念晚会

2013年6月9日至12日　梅湾街、伍相祠　梅湾子胥庙会暨端午祭

2013年6月8日至12日　梅花洲景区　端午民俗文化展示活动

2013年5月中旬至6月中旬　市本级各社区、学校、企业“我们的节日·端午”宣教实践活动

2013年3月至6月　嘉兴市文化馆“漫画端午”全国漫画创作大赛

2013年5月中旬至6月12日　市本级社区、街道、学校、梅湾街嘉兴端午民间包粽大赛

2013年5月中旬至6月12日　市本级社区、街道、月河　嘉兴端午民间香囊

1 陈连山．游戏［M］．北京：中央民族大学出版社，2000：13．

2［英］E．霍布斯鲍鲍姆．传统的发明［M］．顾杭，庞冠群，译．上海：译林出版社，2004：9．

3 中共嘉兴市委，嘉兴市人民政府：嘉委发〔2013〕19号《关于印发〈2013中国·嘉兴端午民俗文化节总体方案〉的通知》

制作大赛

2013 年 6 月 10 日至 11 日 南湖、环城河 南湖龙舟竞渡

2013 年 6 月 12 日 南湖 南湖踏白船表演赛

最具代表意义的，是应“加强节庆活动与撤地建市 30 周年纪念活动的整合，与经贸、科技、旅游等活动的融合发展，强化各县（市、区）的交流互动，资源共享，形成合力”的要求[1]举行的“2013 中国 · 嘉兴端午民俗文化节开幕式暨嘉兴撤地建市 30 周年纪念晚会”。在市级水平下，对其管辖的县、市、区的整合行为程度远大于一个象征性质的纪念晚会。从以上活动中不难看出，有三种不同的形式组织民众参与，将城市整合为一个整体。一种是政府组织的直接的展示与宣讲，它包括纪念晚会和宣教实践活动；一种是城市范围内举行的依据端午象征符号创造竞技比赛或群体活动，它包括“漫画端午”创作大赛，包粽子比赛、香囊制作比赛和子胥庙会暨端午祭；一种是传统民俗在城市语境下的再现，它包括梅花洲景区的民俗文化展示活动、龙舟竞渡、踏白船表演赛。因第一种形式民众互动最低，第二种形式笔者已在上文通过裹粽子比赛分析，故下文着重以梅花洲景区的民俗文化展示活动，探究城市语境下民众参与方式的转变与随之改变的节庆内涵。

在端午节庆期间，梅花洲景区以“一个端午体验村，一个演艺广场、一个非遗展示馆、一条水上表演河道、一条民俗文化街的形式”，呈现舞台表演和艺术展示，宣传嘉兴的非遗文化[2]。表演中，既包括嘉兴百姓在端午节时的吃、穿、用习俗展示，又有嘉兴五县两区近 30 类非遗歌舞、曲艺、杂技表演。在这样的展演中，空间被着重展现，一方面，民俗遗产被限定在嘉兴这个城市的范围内；另一方面，嘉兴内部各区县的民俗遗产从“当地”抽离出来，或被化约为统一的习俗，或被放置到一个景区内集中展示。于是，一个有鲜明时序特征的民俗节庆，被纳入到地域的类别之中。换言之，对端午节庆的分类发生了转变。一个以年为单位，时间序列下的端午节，变为以城市为单位下的端午节。后者能够层层累加，在省一级的层面，嘉兴的端午民俗可以同浙江其他城市的端午民俗并置；在国家的层面，包括嘉兴在内的浙江省的端午节民俗可以同其他省市的民俗并置。

这种变化是吸引群众参与的需要使然。独特的习俗是产生吸引力的关键。

1 中共嘉兴市委，嘉兴市人民政府：嘉委发〔2013〕19 号《关于印发〈2013 中国 · 嘉兴端午民俗文化节总体方案〉的通知》。

2 中国江苏网．端午去梅花洲体验非遗盛宴[EB/OL]．http://jsnews.jschina.com.cn/system/2013/06/07/017565042.shtml，2013-06-07.

将独特的习俗从相似的仪式过程中抽离出来，并把它们集聚在一起，能够最有效地大规模吸引游客。因为游客能够在有限的时间、空间内获得最丰富的独特体验。嘉善县西塘镇荷池村的“蛤蟆爬灶”习俗即是一例。这个习俗在荷池村是祭灶仪式中的一个环节，目的是保佑全家健康，因为认为蛤蟆能够向灶神言好，又可祛除蛇虫百脚的侵扰。形式的独特使它被抽离出来，而在梅花洲景区的展示中，祭灶、除毒的功能转变为新奇的属性。在新奇的属性上，它与景区中所有其他的表演是一样的。同时，独特习俗的聚集，带来游客的聚集，而从总体方案中能够发现，在城市范围内，主要的旅游点有数个（梅湾街、梅花洲景区、月河、南湖等），多个高密度点的集聚，使旅游规模因之扩大，更大程度上吸引群众参与的目的借助城市语境得以实现。

城市语境下吸引群众参与的方式改变了节庆的“分类”，本质上是改变了人们参与节庆活动的方式。仍以梅花洲景区为例。梅花洲隶属于南湖区凤桥镇，景区民俗展示活动期间，民俗文化村中的村民成为演员，作为表演者的他们需要向游客展示甚至讲解当地民俗。[1] 他们融入传统的方式改变了，他们不仅仅是传统习俗的执行者，更是需要额外表演知识和能力的讲述者。梅花洲景区也在一定程度上成为他们工作的场所。同时，作为游客，尤其是浸润在端午文化传统中的中国游客，在端午期间能够脱身于其所在地的传统来此旅游，他们已不是传统的承担者，而是局外的他者。

总之，大范围民众的集聚，改变了人们参与节庆的方式，最终带来民俗节庆内涵的转变。小范围地域的独特意义抽离为更大范围下事件发生的一个场所或符号，民俗被拆解、移动、再现，组合成为品牌下的商品供游人消费。端午节庆被整合为“带你品粽香”旅游主题下的“端午民俗欢乐游”、“古镇端午体验游”、“端午休闲健康游”三个旅游产品。[2] 一个以年为单位的历时语境下的节庆仪式，变成了一个共时空间中以城市为单位的旅游活动。

四、四季旅游主题中的端午

能指的差别确立所指，不同能指间的差别决定了所指的范畴。端午民俗节

1 中国江苏网．端午去梅花洲体验非遗盛宴[EB/OL]. http://jsnews.jschina.com.cn/system/2013/06/07/017565042.shtml，2013-06-07. 文中提到，“在极具江南民俗特色的村落里，游客不仅可以体验端午饮食文化，还可欣赏生动的民风民俗，学习端午民俗常识，嘉兴老百姓过端午时的吃、穿、用等习俗将悉数展示。挂菖蒲、熏艾叶、吃五黄、吃五白、喝午时茶、蚕花饭、包粽子、吃粽子、穿虎衣、戴虎帽、做香囊等等，市民和游客可在此充分体验地道的嘉兴端午习俗。”

2 摘自《市旅游局嘉兴端午民俗旅游活动小结》。

庆在脱离传统的时序被纳入地域的集合之中的同时，也因为持续吸引民众参与的需要，在时间的排列中被纳入新的组合，它在不同性质事物中确立的位置，决定了它内涵的不同面向。

节庆不可避免的时效性与追求长年利益的旅游规划相冲突，即使能够大规模吸引群众参与，它的时间也是有限的。于是，需要依照长期对民众具有吸引力的旅游规划的需要，对节庆的内涵进行选取和改造。

首先，一首秀洲地区王店镇民国时期的歌谣能够很鲜活地表明端午节在传统时序中的位置[1]：

正月新春踢毽子，二月风和放鸽子，

三月清明做圆子，四月蚕忙采茧子，

五月端午裹粽子，六月大暑挂帐子，

七月乘凉摇扇子，八月中秋吃饼子，

九月登高吃栗子，十月农闲造房子，

十一月冬至讨娘子，十二月过年绣裙子。

从歌谣中可以看出，端午节是在农耕生活的时序中被确立的，它同毽子、鸽子、圆子、茧子、帐子、扇子、饼子、栗子、房子、娘子、裙子共处一个序列，四季的温度、农业活动和农村习俗决定着它们存在的合理性。而在城市语境下，名为“带你品粽香”的端午节庆活动作为“夏游嘉兴”的主题，被纳入以“四季嘉兴”为主题的旅游活动组合中。“四季嘉兴”的各个主题如下：

春游嘉兴——“带你闻花香”

夏游嘉兴——“带你品粽香”

秋游嘉兴——“带你观潮乡”

冬游嘉兴——“带你回水乡”

从主题名称中能够看出，粽子作为端午节的象征，被看作美食的符号来暗示味觉体验，在自然景观与人文景致的框架下与视觉和嗅觉并置。四季的时序被休闲活动串联起来。从细部来看，端午节庆的时间被不断拉长，在“嘉兴端午民俗文化节”的总体方案中，与端午节有关的活动最早从 3 月份就开始展开，到端午节当天截止；而“夏游嘉兴”的规划中，端午节成为夏天旅游的主题词，时间跨度进一步扩大，内涵被进一步稀释。在这之中，已被整合的旅游产品，同夏季水上游乐项目相连，被纳入季度下的旅游单元。[2]同时，比较其他主题下的旅游活动，可以发现，端午节庆与其他节庆（如“秋游嘉兴”下的中秋节）

1 杨秀．中国端午节·嘉兴卷 [M]．桂林：广西师范大学出版社，2013：115.

2 摘自《市旅游局嘉兴端午民俗旅游活动小结》。

的差别，是季节差异下玩乐组合的区别[1]。端午节可以化约为吃粽子、龙舟竞渡等活动；中秋节可以化约为吃月饼、赏月等活动，它们各自独特的功能被消除。

概言之，在地域范围被扩大到城市层次的基础上，节庆的时间不断拉长，内涵被不断稀释，和其他传统节庆共同化约为一个旅游框架下的不同部分，并同其他的旅游活动相互组合，蜕变为旅游单元中的一个要素。

五、结论

旅游开发是整合时空的技艺。将民俗节庆独特的意义抽离为符号，使其成为可拼装的材料，进行重组，达到吸引民众参与的目的。民俗节庆的内涵在此过程中受到两个层面的拉扯，一方面将其象征符号带入其他形式，创造新的活动，内涵被重新填充；一方面将化约后的民俗与其他要素进行拼贴，构成一个新框架下的从属内涵。最终，在城市的旅游规划中，端午节庆活动被塑造为用来娱乐的品牌。

1 选自《四季旅游 · 发布》之《春游嘉兴》、《夏游嘉兴》、《秋游嘉兴》、《冬游嘉兴》。

老北京的满族女装

杜佩红

服饰文化不仅关乎服饰本身，还是社会性别、国家和种族认同的重要体现[1]。本文即拟从民族文化认同的角度，来研究老北京的满族女装。

之所以要考察满族女装，是因为有清一代，不论满汉，只要是男子，都要剃发易服，穿满族装束。而汉人女子，则由于“男降女不降”的政策，并不需要穿满服。所以在清代，男子装束不分满汉，而女子的服饰则有满汉之别。而清廷为了保护满族文化，还特别注意维持这种差别，规定满族女子必须穿本民族服饰，并不准缠脚[2]。由此满族女装便成为体现满族文化独特性的重要标志，通过对其历史变化过程的梳理，我们不仅可以看到一种服饰文化的变迁，更可以从中看到满人自我认同与满汉关系的历史演变。

[作者简介] 杜佩红，中国政法大学人文学院历史研究所硕士研究生。

1 学界对服饰与文化的关系时大致会从这样几个角度来进行探讨：一是从性别史出发来讨论服饰与妇女意识间的关系，其中具有代表性的如罗素文的《女性与中国近代社会》和吴昊的《中国妇女服饰与身体革命》，前者论述了近代女性解放与服饰文化之间的关系、后者中有若干章节讨论了旗袍流行与民国时期妇女解放的关系。二是从权力符号的角度来讨论服饰变革与近代国家权力的关系，这方面代表性的研究主要有陈蕴茜的《身体政治：国家权力与民国中山装的流行》和 *Antonia Finnane* 的 *What Should Chinese Women Wear?:A National Problem*. 参见：罗素文 . 女性与中国近代社会 [M]. 上海：上海人民出版社，1996. 吴昊 . 中国妇女服饰与身体革命 [M]. 上海：东方中心出版社，2008. 陈蕴茜 . 身体政治：国家权力与民国中山装的流行 [J]. 学术月刊，2009（9）. Antonia Finnane，What Should Chinese Women Wear?:A National Problem[J].in Modern China，1996(4).

2 “我朝服饰自定鼎以来列祖钦定，从前太宗文皇帝训诫：令后世子孙，衣冠仪制永遵勿替。”清仁宗睿皇帝实录：卷一百六十 [C]. 北京：中华书局，1985:6146.

本文拟分别从满族女装的外观特点、文化内涵及形象变迁，来对上述历史变迁过程做一简单分析[1]。

一、旗女的装束

满族女装的标志性特征是两把头、花盆底鞋和旗袍。就像清代时北京一首儿歌中唱的："在旗的姑娘真奇怪，嘴上叼着大烟袋。两把头儿，大拉翅儿，紧衬的旗袍迎风摆。脚下蹬着花盆儿鞋，扭啊扭啊扭起来"[2]。

先说两把头。满族女子的发式在幼年时与男孩相同，都是编发辫垂于脑后。女子快到指嫁年龄时才开始蓄发，以备盘结发髻，这种盘髻发式便是俗称的"两把头"。

清初，满族女子发式很简单，是"缠头"状，后受汉族发髻影响，上层贵族妇女开始改变其形制，将头发梳到头顶后，平分成两把，向两旁横扎两个平髻，各横出一尺许，插上银制扁方固定，再将后头剩余的头发梳成两个尖角状（名谓"燕尾"），这即是清前中期标准的两把头造型[3]。道光、咸丰之后，则发展出一种以扁方和扇形冠一起支撑发髻的大拉翅，这种发式一直到清末都广受欢迎，无论贵贱皆竞相仿效[4]，慈禧太后就喜欢大拉翅发式[5]。梳两把头所需的头饰颇为复杂，据说这些饰品可以整整放满一茶盘[6]。而其需要发多且长，一些发少或短的妇女，就必须戴假头，于是市面产生了以马尾鬃制成的假燕尾，用来迎合当时八旗女子的爱美心理。

1 目前，关于满族女装相关研究基本集中于对服饰变迁的考察，而较少关注它与满族文化认同间的关系。见王云真．清代满族服饰[M]. 沈阳：辽宁民族出版社，1985；孙彦贞．清代女性服饰文化研究[M]. 上海：上海古籍出版社，2008；曾慧．满族服饰文化研究[M]. 辽宁：辽宁民族出版社，2010；袁仄、胡月．百年衣裳[M]. 上海：生活·读书·新知三联出版社，2011等。只有余梓东讨论到服饰文化与民族认同之间的关系，但作者只限于考察清代满族女装，而并没有讨论清朝覆亡后，满族女装如何在历史变迁中重新走上历史舞台，以及满族女装怎样体现了满汉关系。见余梓东．文化认同与民族服饰的流变[J]. 中央民族大学学报，2006(6).

2 中国人民政治协商会议北京市西城区委员会文史资料委员会编．京城旧事[M]. 北京：中国文史出版社，2005:452-453.

3 据鲍奉宽在《旗人风俗概略》中说"幼时闻之故老传说，旗妇之两把头，发端于乾嘉前后之知了头"，后约嘉道年间，演变为软翅式。鲍奉宽．旗族风俗概略[J]. 北京档案史料，2003(4).

4 两把头这种发式头饰虽兴于贵族，但京城里的一般平民旗妇在婚嫁、寿节、节年等庄重场合也梳成这种头。甚至穷苦的旗妇出门游逛，身上只穿一件毛蓝布衫儿也要梳个"高头把"。

5 周虹．满族妇女生活与民俗文化研究[M]. 北京：中国社会科学出版社，2005:93.

6 大萍．旗族旧俗志[C]// 王彬、崔国政．燕京风土录．北京：光明日报出版社，2000:9-10.

再说花盆底鞋。清初旗家妇女都穿厚底木鞋，这主要为适应与关外的生活[1]。入关以后，虽然生活环境变了，但旗人女子还是保持着厚底鞋的习惯，并且日盖变厚变高[2]。

鞋底的高度，从“八分”起，谓之“八分底”，还有“一寸底”，至于“二寸”则成“花盆底”。若妇女着盛装时穿高底，高底在鞋底的正中，约三寸厚（如图一）。若普通便服则用厚底，其制长宽与足相等，下部长度略为收缩，前锐后圆，其厚度约为两寸（如图二）。新妇少妇多爱穿这种鞋，只有老年妇女才一般穿“平底鞋”。直到清末时，时兴薄底缎鞋，厚底才渐为旗家妇女所厌弃[3]。

除了厚底，旗人女鞋的另一个特点是讲究花式。因素面无花者，最为禁忌，因此旗鞋的鞋面绣样非常细致精巧。鞋面的样式以缀以缎质花里子的“双脸”式最为普遍，此外还有鞋帮上有大红丝锦绣的“五蝠捧寿鞋”、以蝉蝶刺绣纹样的“蝴蝶梦”等款式[4]。旗人妇女不论穷富对此都非常讲究，所以在单弦牌子曲《穷逛万寿寺》中，家无余财的累大奶奶，在“穷逛”时，还是会穿一双破旧的“蝴蝶梦”花盆底鞋，以示派头[5]。

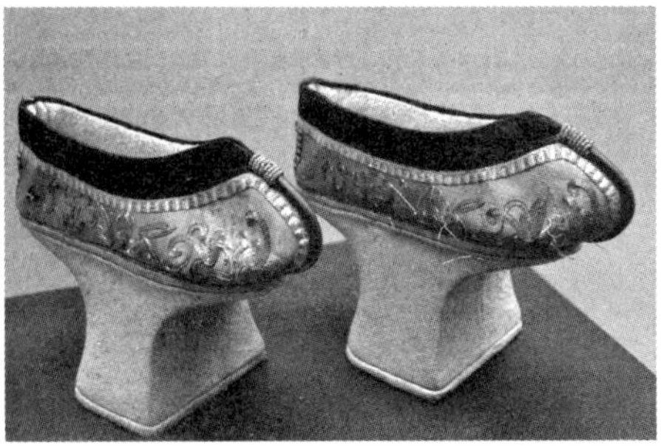

图一　高底花盆鞋[6]

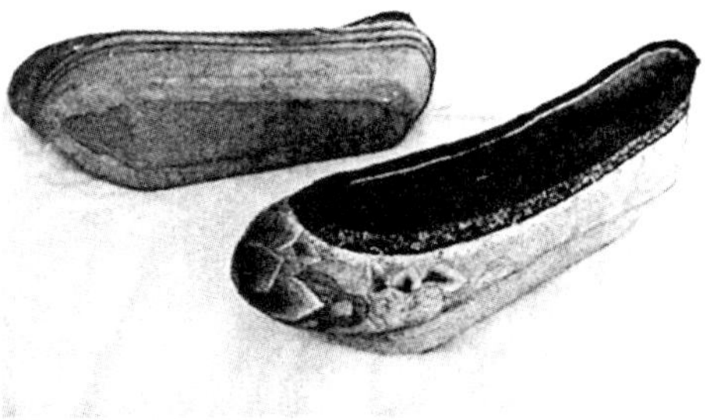

图二　薄底花盆鞋[7]

此外，更为人熟知的便是我们今天仍能看到的旗袍了。在满族入关之前，因长期以游牧、渔猎为生，早期的旗袍样式较为简单：不分上下，宽身直筒，

1 一是关外气候寒冷，冬天穿上它可以把脚垫起来隔凉；二是当时官家座椅都很高，如果穿上厚底鞋不必欠脚。常人春．老北京的穿戴[M]. 北京：北京燕山出版社，2007:145.

2 这可能恰是受汉族女子弓鞋的影响，因为满族妇女一直保持着天足，为了显示小巧，便不断把鞋底加高，以便看上去婀娜动人。

3 夫萍．旗族旧俗志[C]// 王彬、崔国政．燕京风土录．北京：光明日报出版社，2000:6.

4 常人春．老北京的穿戴[M]. 北京：北京燕山出版社，2007:146.

5 同上。

6 张琼．清代宫廷服饰[M]. 上海：上海科学技术出版社，2006:278.

7 宗凤英．清代宫廷服饰[M]. 北京：紫禁城出版社，2002:180.

基本款式为圆领、大襟、窄袖、带纽扣、束腰带[1]（如图三），与汉族的上衣下裳有明显区别。入关后，由于生活方式发生了很大的变化，加上满汉文化的不断交流影响，使得旗袍也发生了变化：袖口由紧窄变为宽松，四面开衩变为两面开衩或不开衩，圆领口或由较低的立领变为较高的立领，用色上由原来的色调自然淡雅变为讲求花色搭配、色彩光亮。装饰上，由纹饰简洁到式样繁杂，在领边、袖口、大襟、底襟都镶金丝，在细微之处尽显服饰的精美，以致咸、同年间有“十八镶”之说[2]。

旗袍的样式也越来越丰富，其质料、薄厚、颜色等因季节、气候的不同而有所不同，还分出了衬衣、氅衣等几种样式[3]。旗袍外面还要配穿一些衣饰。上身会套上马褂或坎肩，马褂的式样与我们在电视剧中见到的男式马褂差不多，只是女式马褂会施以纹彩，并镶饰花边。而坎肩是无袖的马褂，多为青年妇女所喜爱。其式样也很丰富，有对襟、琵琶襟、一字襟、大捻襟等等款式（如图四）。此外，旗人女子在旗袍外还佩戴各类装饰物品，如荷包香囊，多挂在旗袍大襟的第二个纽扣上，内装有槟榔、香料，外缀花穗；一般还会在脖子上系一条丝巾[4]。有这样一番装饰，就更增旗袍的俏美、大方。

图三　清孝庄文皇后常服像[5]

图四　满清女子旗袍坎肩的各种式样[6]

1 “八旗妇女衣皆连裳，不分上下，盖即古人男子有裳，妇人无裳之遗制也。”徐珂．清稗类钞（第13册）[M]. 北京：中华书局，2003:6168.

2 同上。

3 衬衣与氅衣其款式相似，都是圆领、右衽、捻襟、直身、平袖。但衬衣无开楔，而氅衣的镶滚边饰，通常要比衬衣更为宽大华丽。

4 周虹．满族妇女生活与民俗文化研究[M]. 北京：中国社会科学出版社，2005:87.

5 朱诚如．清史图册（1）[M]. 北京：紫禁城出版社，2002:194.

6 周虹．满族妇女生活与民俗文化研究[M]. 北京：中国社会科学出版社，2005:87.

二、旗女装束中的满族文化

满族女装的这种种特点不仅仅体现着一种服饰风格，更深层来说，它还承载着一套特殊的满族内部文化。

满人极重礼法，因而民间有“旗人礼大”的说法。《天咫偶闻》中讲“八旗旧家，礼法最重……朝夕问安诸长上之室，皆侍立，命之坐，不敢坐，所命肸听不敢怠，不命之退不敢退，路遇长上，拱立于旁，俟过而后行……”[1]《旗族旧俗志》中也说:“旗族小康之家，丰衣足食，故家庭之礼节，至为繁复”[2]，而服装上的规矩正是这种“礼数”的重要体现。

服饰上是否得体是判断一个旗人女子是否懂礼的重要标准。故此越是高门大户，就越要求女子穿旗装，身份高的“福晋”、“格格”，基本到哪都是两把头、马甲旗袍、花盆底鞋，一派旗装，与众不同；而下级女子则通常只是在头顶上盘着小髻，穿着青蓝长袍和便鞋[3]。

关于穿着上的规矩非常多，旗人女子在长辈面前，一定要保持正装，否则便算不懂规矩。故此很多做了人家儿媳的旗人妇女，甚至睡觉都要梳着两把头，以免长辈叫去时来不及及时打扮，显得失礼[4]。服装成不成“体统”，绝对是长辈爱挑眼的事情，就像满族子弟书《劝妻》中有一段讲的：“老太太的脾气随老派儿，不准梳绷头——最嫌高头把儿；戴花不准比脑门子大着一半；穿衣裳不准穿算盘疙瘩、二提脚、鸳鸯纽拌儿，穿套裤不准穿外掰巾儿，耷拉着飘带儿；穿袜子不准穿镫绷镫绷的包着脚面儿，跳三针儿明漆脸儿；穿鞋无非绸缎儿面，钉扎锁扣几朵花儿，或是皂鞋，或是单脸儿；不准穿时兴的南蛐小双脸儿。”[5]

此外，我们知道旗人最讲究请安，而请安也是非着旗装难显庄重。请安之际，皆须作大装，旗袍背心、厚底鞋、两把儿头，都要齐全，这样才算得体守礼。请安下去，需是“四平八稳”、身子不能稍有倾斜，徐徐蹲下，做到“长衣覆地，拖襟四开，缓而且深”，口内请安，然后起身，亦要平稳大方，并不可有杂响，只有头上的蝴蝶花铃可震荡作响，身上其他物件皆不可发声。如此才不算“短礼”[6]。可见，请安着实不易，因而旗人女子从小就需在家演练。

这种礼数文化背后，是清廷为巩固自身统治地位，而着力去塑造旗人的“尊

1 震钧 . 天咫偶闻 [M]. 北京：北京古籍出版社，1982:209.

2 夫萍 . 旗族旧俗志 [C]// 王彬、崔国政 . 燕京风土录 . 北京：光明日报出版社，2000:11.

3 宋化欧 . 北京妇女生活 [J]. 妇女 ,1926(10).

4 老舍 . 小人物自述 [M]. 南京：译林出版社，2012:21.

5 常人春 . 老北京的穿戴 [M]. 北京：北京燕山出版社，2007:37.

6 夫萍 . 旗族旧俗志 [C] // 王彬、崔国政 . 燕京风土录 . 北京：光明日报出版社，2000:11.

贵”形象。对于入关的八旗兵丁，清廷给予他们很多特殊待遇，使他们的社会地位高于其他社会群体。于是在皇恩下的旗人，为显示他们的优越地位、加强自身认同，便把这种贵族气派也体现在服饰上，除注重服饰的华美外，更将日常的礼运用于服饰中，以使其仪态举止得体大方，不失庄重。故而在清亡以前，说到满族女服时，人们总会将其与贵族气派联系在一起。夫萍在《旗族旧俗志》中就讲到“旗家女，于打扮方面，自现其贵族姿态”。[1] 还有人描述光、宣之际到庙上进香的旗人妇女：头上梳个大两把头作宫妆样，脸上略施粉黛，淡扫蛾眉，以胭脂深抹朱唇，身上穿一件盖住脚面的缎绣旗袍，披一件绛色洋呢、水红里子的氅衣，掖一块南绣堆花的天蓝手帕，既风流入时，显得体态轻盈；又工整端庄，显得典雅稳重[2]。

三、旗装革命

这样一种礼数文化、贵族气派是与满汉畛域的民族政策及清廷的政治权威直接相关的。但随着政治社会状况的变化，旗装的内涵与形象也发生了改变。

一方面是满汉之间的交流融合，旗装发生了很大改变，相应地礼节也在慢慢变化。在清代时，旗人女装便吸收了汉族服饰的优长，将旗袍由紧收变为宽松，由纹饰简洁变为多方修饰；发式也由最初的简单到繁复，由简单的“缠头”到两把头。一些与装束相关的旗礼便跟着发生了变化。如清前期满族女子在遇到长辈时，还要放袍袖（因那时袖口窄小），但是清中后期，受汉服影响，袍袖变宽，以致这种旗礼已经丧失，在京都竹枝词中就嘲笑道：“头名架子甚荒唐，脑后双垂一尺长。袍袖直如弓荷袋，可能恭敬放挖杭？”[3]

而清亡后，满人统治地位的丧失，则给旗装带来了更大的冲击。辛亥革命后，由于社会排满情绪较浓，满族女服的形象一落千丈，成为不少人的讥讽对象。在《燕市百怪歌》里，作者就讥讽道：“白者为粉，红者为胭脂，黑而黄老，而麻者为面，黑黄老麻而加以红白之胭脂者，为旗妇之面”；“头横二尺之小黑板，足踏三寸之厚尖底，言则惊声，笑则燕语”；“满街乱跑，购油买米，闻人誉之，则夸耀邻里”，旗人女装形象已沦落及此。于是一些旗人女子已渐渐抛弃了她们的装束。首先受冲击的便是旗袍，虽然在京津和东北，还有一些上层满族人家

1 夫萍．旗族旧俗志[C] // 王彬、崔国政．燕京风土录．北京：光明日报出版社，2000:4

2 常人春．老北京的穿戴[M]．北京：北京燕山出版社，2007:36-37.

3 李家瑞．北平风俗类征[M]．北京：北京出版社，2010:360.

的妇女穿着旗袍，但大街上已少见其踪影[1]。正如时人所描述的：“大半旗装改汉装，宫袍裁做短衣裳”[2]。1921 年《解放画报》上一位作者也在回忆二十年代之前的旗袍景况时说当时“排满很烈，满洲妇女因为性命关系，大都改穿汉服，此种废物，久已无人过问……”[3]。

而至于旗髻与花盆底鞋来说，除了年老的妇人还梳旗髻外，很多旗妇已渐渐改梳汉头，到 1928 年，国民政府破除旧俗，两把头便基本绝迹了[4]。而花盆底鞋也随着高跟鞋、运动鞋等的流行而再无影踪。而这时的一些满族特有礼节，也因而发生变化。如清朝时，梳两把头的妇女在行跪拜行礼时，要“摸头”（摸髻），就是行礼时，以右手摸一下两把头的右衬。站立相对行礼时，也可以用这种“摸头”礼。但是民国成立后，尤其是 1924 年溥仪被赶出紫禁城后，旗妇们悄然从头上摘下钿子，老年妇女可能还要梳个“旗髻”，年轻的妇女大都改梳汉头了。这样遇行礼时，只好改为摸鬓，已多少有些似是而非了[5]。

但是有趣的是，经过近十年的沉寂，满族女子的旗袍却在十里洋行的上海，重新流行起来。据 1921 年《礼拜六》上一篇文章的说法，旗袍流行起初是靠上海妓女老林黛玉的提倡，人老珠黄的她为吸引客人，便将压在箱底的满族旗袍穿上，竟然成为一时时尚[6]。而旗袍真正被大范围推广，成为全国的流行衣饰，则是要到 1925 年之后女学生的提倡。北伐时期，她们为了投身革命，便剪短长发，穿上类似男子长袍的旗袍，宣传妇女解放。在 1925、1926 年左右，穿着朴素旗袍、剪短头发已成为全国进步女学生的标准形象。

在之后，借助上海商业文化的渲染传播，旗袍更成为迎合大众消费的时尚品。商家们将旗袍进行不断改良，或是长袖变短袖，或是衣领忽高忽低，或是尺寸或长或短，并注重女性的形体美，彰显女性身材，这便使得旗袍在与西服竞争及商业文化的推动下，开始在各阶层及全国范围内流行开来[7]，甚至在农村，虽然

1 吴昊．中国妇女服饰与身体革命 [M]. 上海：东方出版中心，2008:265.

2 李家瑞．北平风俗类征 [M]. 北京：北京出版社，2010:372.

3 钱病鹤．旗袍的来历和时髦 [J]. 解放画报，1921（7）.

4 1928 年，国民政府破除旧俗，两把头便基本绝迹，只在戏院才看得到。铢庵．北游录话（七）[J]. 宇宙风，1936（26）.

5 常人春．老北京的穿戴 [M]. 北京：北京燕山出版社，2007:180–181.

6 凤兮．旗袍（调寄一半儿）[J]. 礼拜六，1921（101）. 也有人认为旗袍的兴起应该更早。据说在护国战争时期小凤仙已然穿着旗袍，故此一些人又把旗袍称为“小凤仙装”，但笔者没有找到明确的一手材料来证明，之所以有这种说法很可能是因为传说小凤仙是旗人（当然实际上小凤仙并不是旗人）。而且上海兴起的旗袍是作为新服饰潮流出现的，而小凤仙即使当时确实穿着旗装，也并没有引起什么社会反响。故此笔者还是倾向于当时人的说法，旗袍兴起于上海的娼妓界。

7 据邓云乡回忆，自己在北平读书的时候，女同学就一年四季都穿旗袍，而老北京的小媳妇、大姑娘也都喜欢穿着旗袍。邓云乡．燕京乡土记 [M]. 石家庄：河北教育出版社，2004:595.

平时妇女不会穿着它，但若是去庙会一类的“大场面”，必会郑重地穿上一件新旗袍，以此为荣光[1]。并且在国民政府的服制规定中，旗袍也成为官方正装的一种而“登上大雅之堂”[2]。旗袍甚至流行到海外，成为巴黎、好莱坞的流行品[3]，在海外的华人也纷纷以穿着旗袍为荣[4]，就是宋美龄出国访问时即常穿旗袍[5]，旗袍俨然成为东方女性的代表。而对于旗袍曾经所带有的满族色彩，人们早已经渐渐淡忘。(如图五、图六)。

图五　流行初期的旗袍[6]

图六　流行盛行期的高衩旗袍[7]

四、结论

从上面我们看到，为防止满族汉化，清朝统治者一直严格保持着满族女子特有的装束——“头戴两把头、足蹬花盆底鞋，身穿旗袍”。虽然随着满汉之间交流加强，旗装也吸收了很多汉族元素，然而由于清代“首崇满洲”的政策及

1 李文琦．庙会[J]. 铃铛，1937（6上）.

2 国民政府1929年4月16日《服制条例》规定女子的正装有两种，其中甲种为“齐领前襟右掩，长至膝与踝之中点，与裤下端齐，袖长过肘与手脉之中点”，从样式上看实际即旗袍。国民政府文官处印铸局公报室．服制条例 [J]. 国民政府公报，1929（143）:3–5.

3 “近年来，美国的妇女们喜欢穿着中国的旗袍算是美观。所以国产的丝织品在美国销路很好。在目前一切洋化的时代，西洋妇女竟就效东方女子穿起古老的服装来。”旗袍风行美国 [J]. 都会半月刊，1939（10）.

4 美国三藩市的华侨曾给申报去信说：“目前国人处处用美式配备，但美国妇女爱穿中国旗袍，此在我国妇女闻之，当引为无上光荣。”上海妇女服装沧桑史 [J]. 申报，1946（10.7）.

5 三绺梳头两截穿衣：从蒋夫人的旗袍说到文化交流 [J]. 香海画报，1946（1）.

6 王芳、石仁．百年老照片 (1)[M]. 北京：经济日报出版社，1997:117.

7 北洋画报 [J].1933（7）.

对自我认同的维护，使得有清一代，满汉女子的服饰一直泾渭分明。作为满族的传统服饰，旗装兼具华美与英武，既体现着满族的尚武传统，也彰显了贵族的华贵典雅。它不仅是一套服饰，也是满族文化的重要组成部分，特别重视礼节的旗人，也将这一装束中的礼运用得恰到好处。然而随着清朝的覆亡，革命排满的盛行，使得满族女装及其背后的整套满族文化都饱受诟病，为隐藏民族身份，旗人女子不得不改换装束，因而旗装与其固有的礼节也慢慢退出人们的视线。但是本身就极具优势的旗袍，却在西化程度较高的上海，在妓女与女学生的带动下重新流行，在民族主义与商业文化的共同推动下大放光彩，从满族之服变为民国服饰的代表。从中我们能看到满族作为统治阶层，怎样在服饰上建立自身的独特性与优越地位，这种优越地位如何在满汉交流与革命冲击下丧失，而满汉区别又如何在民国大众文化与中西交流的背景下被消解于无形。

清末旗人的祭祀与换索礼节

樊志斌

一、引言

清代京师旗人保留了诸多从东北带来的习俗，尤其注重祭祀祖先与换索。

旗人的祭祖活动安排在每年秋后进行，届时，合族聚集在一起，与祖先共享丰收的喜悦。祭祖日期一般安排在农历十月初一，仪式由族长主持。

京师旗人的祭祀保留了诸多关外习俗的特点，也同时受京师当地气候、物产、汉人文化的影响，但总体上保持了东北满俗的特色。

所谓“索”，又名“子孙绳”、“索绳”、“索线”，是东北满人一种祈求子孙繁衍、家族鼎盛愿望的一种物品。

对于旗人的习俗，各种记载、研究众多，基本可以勾勒出旗人的习俗与特点。

20 世纪 80 年代，一位圆明园附近的老人将书有家族祭祀礼节、换索礼节的纸张捐赠给曹雪芹纪念馆，对于我们了解京西一带旗人的习俗以及演变有一定的参考意义。

“祭祀礼节”、“换索礼节”各一件，每件 3 页，共 6 页：祭祀礼节一页单面书“祭祀礼节”；其后为“上祭家伙单”，一页，双面书写；后为祭祀礼节内容，二页，三面书写。换索礼节书写格式如前，先一页单面书“换索礼节”；其后为“换

[作者简介] 樊志斌，曹雪芹纪念馆馆员。

索家伙单”，一页单面书写，后为换索礼节，一页双面书写。

礼单为手写，但文字讹误不少，如“心”作“芯”、“戴”作“代”等；但是，作为近代旗人祭祀礼节最直接的记载文献，该资料具有很高的民俗价值。今略作整理，以公同好。

二、祭祀礼节

（一）上祭家伙单

供猪木槽子，摆香碟炕桌两张，宰猪桌子一张，大小铁锅两口，筷子一把子，供桌上蜡扦子二支，达子香买十两，通条一根，油单纸一大张，大碗二十个，碟子三十个，酒盅二十个，酒素子四把，小匙子十把，大茶壶一把，茶盅四十个，上祭时用小碟子一个（接猪身上零碎），两个大碗（皆阿木苏肉），神筷子两双，匙子两把。

外边用一字桌两张，板凳四条。

炕上摆席，是肉三盘、杂碎八碗，酒盅六个，素子两把，酸咸菜、清酱碟子十二个。

砌炉子人来，预备锅子一个，炒四碟菜，烧饼卅个。

半夜预备面五斤，火烧卅个，酒共打六斤，老米一斗。

动手人送分亦可，若无余，送礼亦可，买两吊钱东西略表心而已。

（二）上祭家伙单反映的旗人特色

整个上祭家伙单体现出浓郁的旗人特色：

供猪要用木槽子，此为其东北时候不能制瓷、适应野外生活时就地取材的产物。此外，需要买达子香。

所谓达子香，是产于东北、内蒙古一带的一种小灌木，又名兴安杜鹃、迎山红，花叶皆可入药，用以治疗支气管炎，花可供提取香精。农历七月中以后（各地不同，有的七月十五，有的七月七日或九月九日，盖根据各地气候而定），采摘香鞑子花叶，阴干，磨成面，用箩筛过。用时用火点燃，味清香。

京师旗人买达子香上供，自然是不忘家乡之意。在祭祀时把香碟内放上净灰，再放上一条鞑子香面点燃，称作“描香”。

屋里的摆设也有旗人的特色。京西旗营多为三间一家，房屋为一明两暗，三间之间以隔扇分割，相对于中间一间的“明”而言，东西两间房屋为暗：东间为内室，供家人住宿；中间为待客厅；西间为炕，炕的西墙上供奉有祖宗板子，板子上供香碟、祖宗匣子，匣子内有家谱或祖宗影像，逢年过节时取出祭祀。

这样的房屋格局在祭祀时也体现出不同：炕上摆席，是肉三盘，杂碎八碗，酒盅六个，素子两把，酸咸菜，清酱碟子十二个；而外边则用一字桌两张，板凳四条。

（三）祖宗祭祀之礼

谨遵古制，效法满洲之礼，虽日久失传大概，不可不敬谨叩头，以答祖宗保佑之恩也。

若祭祀还愿者，爷们衣冠正齐，摘帽叩头。供生，时宜子丑时；供熟，时宜用丑卯时；剁肉，寅时。

供生时，炕上摆两张桌子，点白蜡仟两支，请两边香碟子，同点上香，北边三拜九叩后，南边又三拜九叩，这才请猪。猪请到屋内，当地捆上，用笤帚两边扫净头面，脊背向北。动手人先请北边香碟，头一个交给本家，本家跪，举过头顶，动手人接过，在猪身上绕三绕，仍请桌上去，本家叩头三个；又请南面香碟，头一个亦交给本家，照北边以前之礼而行。动手人使右手刀子退猪时，用一个碟子接猪身上零碎东西，接齐，供在桌上，然后分块入锅。

若供熟时，桌上点上两支蜡扦，猪按分放在槽内，动手人切阿木苏肉两碗，供在桌上，猪头、猪爪不用插刀。筷子两把，匙子两把，仓米饭两碗，烧酒两盅。

猪摆整时，重点两边香碟。毕，袋索完，各叩头，连爷们代娘们儿一同先北边三拜九叩，后又南边三拜九叩。

撤供时，请上两边香碟子，装了幪子后，北边三拜九叩，南边也三拜九叩，上头事事敬谨。完毕，猪零碎入火锅内，再请人吃肉。

倘或有事之人以至小孩子等不能供熟、一齐叩头者，白日望北边三拜九叩，后南边三拜九叩，以尽敬谨之礼也。

诸事完毕，撩骨头后，肉才拿得出去。

论请猪时，上辈遗留不敬酒，听说旧家祖宗上礼器一一都有，一则上辈失传，二则又不敢妄行轻举，莫如敬谨至诚叩头是也。

再，阿木苏肉不许外姓人吃。

（四）祭祀礼节反映的旗人特色

祭祀礼节单称："谨遵古制，效法满洲之礼，虽日久失传大概"，可知，该祭祀单作于清末民初时期。

旗人祭祀供奉祭品与汉人不同，汉人一般生、熟共祭，以表虔诚，而旗人不仅供奉生、熟分开，时间上也有先后之分："供生，时宜子丑时；供熟，时宜用丑卯时；剁肉，寅时。"

子丑时，即晚上 11 点到早晨 3 点之间；丑寅时，即早晨 2 点至 4 点之间；寅时即早晨 3 点到 4 点。

这种习俗也沿袭东北满人的旧俗，大概与东北冬季天亮较早有关。虽到北京，天亮稍晚，仍不改其旧俗。

"供生时，炕上摆两张桌子，点白蜡扦两支，请两边香碟子，同点上香。"

祭祀小桌放在炕上自然也是旗人的习俗，桌子向西，冲着祖宗匣子。

东北各族崇尚萨满教，而萨满教认为太阳西落正是太阳东升的起点，因为尚西，在西面墙祭祀祖先，与汉人尚北截然不同。

炕桌南北两面设置香碟。香碟为木制，数量各家不同，一般按照祖先在长白山所住的山沟位置计算。《宁安县志》载满族风俗云：

瓜尔佳氏祖先原居长白山头道沟，他们祭祀时就摆一个香碟，挂一张满洲衫（挂钱）。伊尔根觉罗的祖先原居长白山六道沟，就摆六个香碟。也有的满族老祖先哥几个就在木碟边沿上刻几道木槽。[1]

祭祀是全族的事情，异常隆重。用于祭祀的猪称为"神猪"或称"神牲"，全身黑色，办祭前一年就要备妥，且分槽分圈饲养。清末民初时期，京西旗营"神猪"还有散养的，漫游村中，走到哪家，哪家饲以美食。

旗人说抓猪和杀猪不说抓和杀，而说"请猪"或"拿猪"，杀猪人称为"动手人"。

祭祀当天，由动手人将神猪从棚内领出，不拴不绑，由萨满在前引领，一边击鼓，一边诵神歌（即领牲神词），神猪随之进入室内。

所谓供生，即将猪杀好后，将猪身上的零碎供奉给祖先，仪式如下：

猪请到屋内，当地捆上，用笤帚两边扫净头面，脊背向北。动手人先请北边香碟，头一个交给本家，本家跪，举过头顶，动手人接过，在猪身上绕三绕，仍请桌上去，本家叩头三个；又请南面香碟，头一个亦交给本家，照北边以前之礼而行。动手人使右手刀子退猪时，用一个碟子接猪身上零碎东西，接齐，供在桌上，然后分块入锅。

"供熟"就是将煮熟的猪肉供奉到供桌上："猪按分放在槽内，动手人切阿木苏肉两碗，供在桌上。"与猪肉同供的还有两碗仓米饭。

仓米饭是指用老米煮就的米饭。旗人当差有俸米，无差有例米。《嘉庆大清

1 宁安县志 [M]. 哈尔滨：黑龙江人民出版社，1989.

会典事例》九二〇卷载：

除官员兵丁等已有俸饷者不给口粮外，余自五岁以上为半口，十岁以上为一口。每口应领米二石二斗五升，半口则半给。

米来自江南，通过漕运至京师，存放于公仓之内。时间一长，往往颜色有些泛红，谓之“仓米”。

与汉人妇女不得与祭不同，旗人妇女皆得随祭。“戴索完，各叩头，连爷们代娘们儿一同先北边三拜九叩，后又南边三拜九叩。”

撤供后，将祖宗板子上放好香碟，装上幪子（供神的幔帐架子上挂的幔帐），“北边三拜九叩，南边也三拜九叩”，其后，将“猪零碎入火锅内，再请人吃肉”。

如果家族成员有事或者过于年幼，不能参与早晨祭祀，“白日望北边三拜九叩，后南边三拜九叩”亦可。

清末京西旗人“请猪”与东北满族有所不同的是：“上辈遗留不敬酒。”

所谓“敬酒”是指杀猪前、将猪抬到祖宗桌前，族人跪下，萨满往猪左耳中倒酒一盅（有的地方倒净水一盅），猪叫、耳朵扑楞，意味着祖先领牲了，拿猪人“嘛”一声，然后杀猪。

祭祀仪式单上写道：“听说旧家祖宗上礼器一一都有”，但是，因为“上辈失传”，到清末该族拿猪时已经不敬酒了，这就反映出民俗在时间流逝过程中的变化。

值得注意的是，该族祭祀“阿木苏肉不许外姓人吃”。

阿木苏肉，即用供神的猪煮成的白肉，意思是神享用过的猪肉，与常规猪肉不同。

本来请人吃肉是满洲的习俗，《清稗类钞》即载：

满洲贵家有大祭祀或喜庆，则设食肉之会。不论旗汉，不论识与不识，皆可往……自切自食，食愈多，则主人愈乐，若连声高呼添肉，则主人必致敬称谢。肉皆白煮，无酱油，甚嫩美，量大者可吃十斤。

然而，随着时间的流逝，尤其是清末，旗人俸禄入不敷出，生活窘迫，以至到“阿木苏肉不许外姓人吃”的地步。

三、换索礼节

索是一条由白、蓝、红三色或者红、黄、蓝、绿、紫五色棉线拧成的绳子，一般绳长四五丈，上系弓箭、噶拉哈、红布条等装饰物。

一般认为，彩绳象征子孙生活幸福快乐，弓箭象征男性生命，噶拉哈象征女性生命。

（一）换索家伙单

买索线作垂，砍柳枝，大铁锅一口，笼屉一份，碟子十五个，达子香二两，黄米八升，黄豆二升，桌子三张，大瓷缸盆一个，扦面杖两根，线香一股，铁筷子一双，香灰要足，用蜡两支（白），灯花纸三张，挂钱两张，黄纸一张，糖二斤。

（二）换索家伙单反映的旗人特色

满人认为，柳树是生命的象征，柳在满语中称作“佛托”，故满人称柳树神为“佛托妈妈”，以之作为本族的生命神。或者以为旗人在庭院中供索罗杆子、祭祀佛托妈妈、更换索绳都是柳树崇拜的一种反映。因此，京西一带旗人换索时，首先要准备的就是作索的线以及柳树。

之所以要准备铁锅、笼屉、黄米、黄豆、大瓷缸盆、扦面杖等用品，是因为要制作祭祀时需要供奉的贡品“豆面糕”。

豆面糕，即众所周知的“驴打滚”，是老北京小吃中最有知名度的一个。以黄米面裹红豆、红糖，卷成卷状，蒸熟，以笸箩盛放炒熟磨细的黄豆面，将糕放置其中，晃动笸箩，待豆面粘匀糕点即可。

所谓挂钱，即一种剪成吉祥图案的纸样，年节悬挂于门楣、房檐之上，又名“挂签”、“挂千”、“吊钱”、“门笺”、“门吊子”等。富察敦崇《燕京岁时记》载：

挂千者，用吉祥语镌于红纸之上，长尺有咫，粘之门前，与桃符相辉映。其上有八仙人物者，乃佛前所悬也。是物民户多用之，世家大族鲜用之者。其黄纸长三寸，红纸长寸余者，曰“小挂千”，乃市肆所用也。

旗人所贴之挂钱不同于汉人，为白色挂钱，长二三尺，宽一尺，中雕满文“灵”字，四周轱辘钱，非常细巧，专为满族旗人贴祖宗板子上用的。

（三）换索礼节

祖宗换索之礼尊古遗传，炕上当中摆上一张桌子，先请北边香碟子，摆上豆面糕九碟，每碟九块，摆齐，点上香，一齐三拜九叩。叩完头，看香碟子着的旺，就请上去，又一齐三拜九叩，把头碟豆面糕请在板子上去。然后请南边香碟，摆齐豆面糕，点着香，也一齐三拜九叩，着北边里一样儿行。行礼完毕，把头碟豆面糕也请在板子上去。这两碟是本家人吃，不许外人吃。

两边礼毕，未成家的人以至于孩子一并跪在当地，一一戴索。戴上索，望上叩头三个。

再将屋门外左边供三枝柳枝，一枝柳枝上拴纸穗三个。摆桌子一张，供香碟子一个，豆面糕一碟，也三拜九叩。索绳拴在南榆子上，绕出门去，拴在柳枝上。

院内杆子上也供香碟子一个，豆面糕一碟，也一齐三拜九叩。

内、外礼行完毕，屋内收去幪子，外边撤供，把柳枝撒在房上。

诸事完毕，豆面糕才拿的出去。

大凡上祭换索之礼，宜人人敬谨，事事小心，和容悦色，方显恭敬至诚之至也。

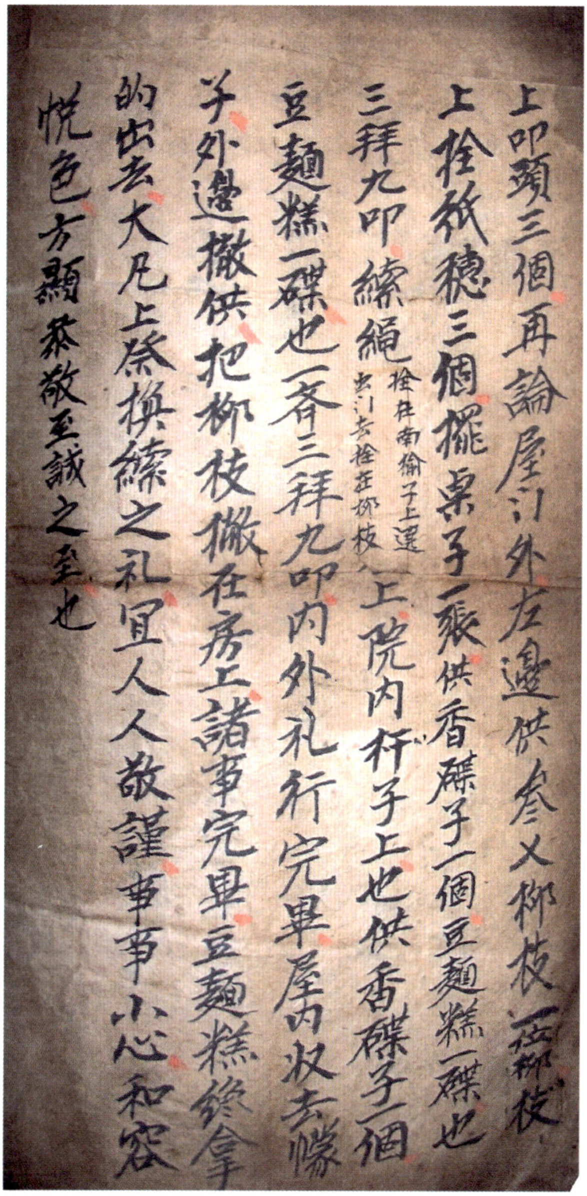
上叩頭三個再論屋门外左邊供叁义柳枝一枝柳枝
上拴紙穗三個擺桌子一張供香碟子一個豆麵糕一碟也
三拜九叩繚繩拴在南榆子上遶出门去拴在柳枝上院内杆子上也供香碟子一個
豆麵糕一碟也一齊三拜九叩内外礼行完畢屋内收去幪
子外邊撤供把柳枝撒在房上諸事完畢豆麵糕纔拿
的出去大凡上祭換繚之礼宜人人敬謹事事小心和容
悅色方顯恭敬至誠之至也

手抄之“换索礼节”

（四）换索礼节的旗人特色

旗人换索礼节中很有特色的一点是，香碟供奉有先后之分：

先请北边香碟子，摆上豆面糕九碟，每碟九块，摆齐，点上香，一齐三拜九叩。叩完头，看香碟子着的旺，就请上去，又一齐三拜九叩，把头碟豆面糕请在板子上去。然后请南边香碟，摆齐豆面糕，点着香，也一齐三拜九叩，着北边里一样儿行。行礼完毕，把头碟豆面糕也请在板子上去。这两碟是本家人吃，不许外人吃。

戴索的仅限于“未成家的人以至于孩子”，可知索确实有希求子孙绵延的意思。

屋门外左边供三杈柳枝，一杈柳枝上拴纸穗三个。摆桌子一张，供香碟子一个，豆面糕一碟，也三拜九叩。索绳拴在南榆子上，绕出门去，拴在柳枝上。

按，南榆子不知何解，恐系误字。窗棂的“棂”字繁体作“櫺”，与“榆”字颇似。此处当作“櫺”。

由上面的记载可知，换索礼节不仅要在屋内进行，还要在房外进行，要将绳索系在南面窗棂上，绕出屋外，系在屋门外左面（东面）的三杈树枝上——一杈柳枝上拴纸穗三个。

内、外礼全部行完，屋内收去幪子，外边撤供，最后把柳枝撇在房上。

四、结语

《左传 · 成公十三年》载：“国之大事，在祀与戎。”祭祀在我国各民族中都占据极其重要的地位，是各民族文化的基本组成内容。

《论语 · 八佾》第十二章云：“祭如在，祭神如神在。”极端强调祭祀之时参祭人的心境。这一点在“祭祀礼节”、“换索礼节”中也被强调，“换索礼节”云：

大凡上祭换索之礼，宜人人敬谨，事事小心，和容悦色，方显恭敬至诚之至也。

作为满族（满族不等于满洲，满族是由八旗旗人后裔为主体、以自报原则组成的族群）前身的旗人，非常重视祭祀，即便他们进入北京之后，仍然保持了浓郁的东北信仰特色，为北京文化添加了极具地方和民族特点的色彩。

在当今大工业快生活的时代背景下，民族传统文化，尤其是信仰和民俗已经不可避免地受到冲击，逐步消融，甚至被淘汰，但是，从另一方面说，国家也在积极保护民族文化和非物质文化遗产，清末京西旗人的祭祀作为历史上曾经流行的一种民俗文化行为，理应受到人们的了解和重视，尤其是在香山这片还一定程度保留旗人风俗的地域，更应该将其宣传出去，发扬开来。

从档案看清宫太监的财务状况

滕德永

明代太监势大，他们中的许多人不仅多方干预政治、把持朝政，而且通过种种手段和渠道谋取、积累了巨额财富。有清一代，清帝吸取明亡教训，严格约束太监，太监为祸甚微。清代太监不仅政治地位低下，而且其经济收益亦较为有限。

对于清宫太监的收入问题，学界已有研究。这主要是唐益年先生在其专著《清宫太监》有所涉及，但主要对其来源有所研究，对太监收入的去向以及所产生的影响未作深入探讨。拙文结合中国第一历史档案馆所藏档案及清宫所藏相关文书对此问题进行考察，不足之处，尚祈方家指正。

清宫太监收入的估算

对于太监的收入，一般学者们主要考察其薪资与赏银，有的也将太监贪婪需索纳入其中。其实，清宫太监的收入来源呈现多元化，不仅有银钱收入，还有实物收入，除上述所言之薪资等来源，还有诸多收益。具体言之，可分为以下几种：

薪资收入是清宫太监收入最为稳定的来源。根据清宫制度，太监收入包括银钱与米粮两种。这种薪米制度形成于乾隆年间，至清末并无大的变动。根据

[作者简介] 滕德永，故宫博物院副研究馆员。

太监级别的不同，其收入亦有等差：四品之太监月银 8 两，米 8 斛，公费银 1 两 3 钱；五品之太监月银 6 两，米 6 斛，公费银 1 两 2 钱（后改为月银 7 两，米 7 斛，公费制钱 1 贯 200 文）；六品之太监月银 5 两，米 5 斛，公费银 1 两 1 钱（后改为制钱 1 贯 100 文）。不仅如此，即使同一级别之太监，由于承担的工作不同其收入也有差别。同为七品太监，御膳房、景山等处总管月银 5 两，米 5 斛，而乾清宫、四执事等处首领月银则为 4 两，米 4 斛。至于数量众多的普通太监更是分为四等：一等者月银 4 两，米 4 斛；二等者月银 3 两，米 3 斛，三等者月银 2 两 5 钱，米 2 斛半；四等者月银 2 两，米 1 斛半，公费银皆为 6 钱 6 分 6 厘。

清宫所发放的米粮之于太监收存颇为不便，为此，一些太监于米粮发放之后即予以变卖折现。嘉庆二十四年（1819 年），圆明园太监刘进禄领取薪米之后，即卖钱 4500 文使用。[1] 一些主管太监也以米粮发放不便，予以折现。道光二十三年（1843），涵秋馆太监侯进禄转拨澄虚榭当差，其主管首领太监即将该太监应得薪米售卖，共得钱 5 吊 860 文，如数转交。[2]

各种赏银是清宫太监收入的重要来源。清宫太监地位低下，从事的是各种杂役工作，非常之辛苦，但由于其服务对象主要是皇室主位人员，他们得受赏赐的机会非常之多。如太监入宫之初，清宫即赏银 5 两，若是王府交进太监则赏银 3 两。嘉庆皇帝曾将之各提升 3 两，即招募之民籍太监赏银 8 两，王府交进太监赏银 6 两。至嘉庆二十三年（1818 年），嘉庆以诸多太监“猾懒不堪，卑鄙下贱”，“每于领得赏银后，即乘间逃走”为由，将赏银皆减少 2 两，招募太监赏银改为 6 两，王府交进太监赏银改为 4 两。[3] 对于赏赐之类别，唐益年先生将之区分为例赏与特赏两种。例赏即清宫明确规定之赏赐，上文之太监入宫之赏银即为例赏，此外还有太监及其家属病故、年例赏银、节庆赏银、皇帝出巡等。其中，年例赏银与节庆赏银尤为重要。年例赏银虽然数额不大，但较为稳定，每年按例发放；节庆赏银则不仅数额较大，且较为频繁。每年端午、中秋、冬至、元旦以及各主位千秋万寿等等，主位都要有所赏赐。其赏赐银两即使低级太监亦可少则一二两，多则几十两。光绪二十七年（1901 年），光绪皇帝赏赐太监银两，其中总管 20 两，首领及太监皆为 10 两。[4]

除赏银外，清宫主位还经常赏赐布匹食物等物品。乾隆五十三年（1788 年），乾隆皇帝赏赐四执事等处首领，奏事处太监 33 名，每名滇缎 1 件，川绸 1 件，

1 中国第一历史档案馆．嘉庆二十四年十一月二十六日奏为逃走太监李太平等人自行投回并请照例治罪事折 [B].

2 中国第一历史档案馆．道光二十三年三月二十三日奏为太监侯进禄妄行喊诉审明治罪事 [B].

3 内务府辑．钦定宫中现行则例 [M]. 台北：文海出版社，1978：153-154.

4 中国第一历史档案馆．光绪二十七年十月二十四日呈赏总管等银两清单 [B].

绢 1 件，太监 337 名，每名绢 1 件。[1]

寻机需索是清宫太监收入的重要组成部分。清代帝王巡幸事繁。乾隆一生巡幸多达 150 余次，其后诸帝虽已大有不如，但热河避暑，木兰秋狝，拜谒东陵、西陵活动则仍然相当频繁。这些巡幸活动需要大量的太监随从，他们在于地方官员交接之时，不时需索，并形成风气。道光八年（1828 年），于道光皇帝前诣盛京之机，前营太监张进忠、邱得、刘进喜、李安全及钟粹宫首领太监顾进忠等沿途需索，共得银六百余两，尚有诸多物品分用。其实，对于这种事情内务府已经习以为常。他们认为太监此举是沿用从前陋规，这也就是说这种情况相沿已久，是一种惯例，进而将主要责任推诿于地方，是地方“以便诈取闾阎，又为差后开销地步”的结果。所以，在处理这一问题时内务府极力维护相关人员，只不过为了平息皇帝之怒火而惩罚几人。“且奴才等访问各等处他坦太监均有收受分肥情事，奴才等非敢意存姑息含混了事，若概行究办，实属人数众多，且恐分得者或至疏漏，未得者或至株连，难昭平允。奴才等愚昧之见，将现在犯事之首领太监等照新定章程严行惩办外，其未经发觉之各处他坦太监等可否免其查办之处出自皇上天恩”[2]。对于内务府的处理方案，曾经对此深恶痛绝的道光皇帝此时却一改常态，未做进一步的处理即予以批准。这决定了太监需索问题根本不可能得以杜绝，以致清朝末年，清宫太监需索情形更为严重。[3]

其实，对于太监需索问题清帝早即有所认识。乾隆皇帝禁止太监与官员交接，其原因之一即防止太监需索。嘉庆皇帝也发布谕旨，“太监等随园在外与地方人等断不准稍有交涉，若馈送等事更属大干例禁，久经严谕。乃上两年随园各他坦太监仍有得受披甲人肉末麸料等物，在地方沿袭陋规，不止馈食物，必有银钱，无难将披甲人及太监等严刑夹讯究出实情，从中惩办。但朕不为已甚，姑不深究。现据此案审明定拟已将各太监及披甲人等责处示惩。嗣后每逢出外，倘再有滋扰不法之处，一经查出即行正法”。[4] 当这些谕旨禁令形同具文，道光年间太监需索问题的出现成为必然。

除以上几种主要入项外，一些太监还有其他收入来源。

其一，人情往来费用。中国是一个人情社会，太监虽然服役深宫，但彼此之间也互相交接。乾隆年间，太监杨茂父亲病故，众太监摊交份子钱。不仅如此，

1 中国第一历史档案馆．乾隆五十三年三月呈赏用款项清单 [B].

2 中国第一历史档案馆．道光九年十月十三日奏为敬陈差次太监等馈遗情形事 [B].

3 唐益年．清宫太监 [M]. 沈阳：辽宁大学出版社，1993：87–99.

4 中国第一历史档案馆．嘉庆十九年五月初九日著嗣后随围太监不准在外需索馈送事奉旨单 [B].

内务府大臣海望、三和等也参与其中，并“致送奠分”。[1]

其二，馈赠所得。太监为天子近侍，这对各级官员具有极大的吸引力，他们希望能够与之交接。虽然清代帝王严禁这一行为，但敢于违禁行事者仍然有之。乾隆二十一年，热河总管太监胡全忠结交官长，收受盐政官著赠送之数珠、布料、补子等物品。[2] 此外，商人亦积极与其联络、交纳。乾隆三十六年（1771 年），圆明园太监苏常生日，其亲戚杭州盐商赠送其五两重金镯一个。[3]

其三，经营所得。清宫太监多与外界有紧密联系，他们中的一些人，利用日常积蓄在外开设铺号，雇佣人役为其经营。乾隆年间，太监德仁曾开设万兴当铺。[4] 嘉庆年间，圆明园山高水长副首领太监即在城内开设天成小杂货店，主要收买零星玉玩雕刻木器等。[5] 而一些位高权重的太监则开办有诸多店铺，以获取收益。

最后，若无过错，退役为民太监还可享受一两银钱的退休金。康熙十二年（1673 年），清政府即规定了太监为民的待遇。“至下等差役管理细事之太监与投充太监等，有效力年久，老病退役，并无过犯者，各给钱粮银一两。六十岁以上者，免令当差。至向年召募无庄田太监等，老病退役，其原籍有产愿归者，交礼部准放为民，若原籍无产，不能度日者，仍准住所居房屋，照各内管领下闲散太监等，亦给钱粮银一两”。康熙二十三年（1684 年），清政府又对其做出补充，“凡年老患病内监，愿归民籍者听，其不能归者，令礼部收养。每四名合给房屋一间，每名月给银五钱，米一斛。房屋、银、米由户部、工部支给。亡故者交五城埋葬。”[6] 雍正时期，雍正皇帝要求内务府关注为民太监的生计问题，“如无家业不能度日者，或用自鸣钟银两，或用敬事房银两，每人每月赏银一两，以资养赡。着内务府总管查官房百十余间，每人给一两间居住，其余房屋派首领二名经管，将所收房租给伊等养老。”当然，这种恩遇仅限于那些安分当差之太监，缘罪受罚之人则不在此例。“如有过犯退出太监，丁差不得邀免”。

太监收入来源多元，且量有等差，要统计不同等级太监之收入几乎无法实现。所以，我们对于太监的收入只能约略估算。清宫太监中，月银 2 两太监的基数最大，以嘉庆二十五年为例，该年清宫共有太监 2236 名，其中普通太监共有 1558 名，约占总数的 70%。因此，估算普通太监的收入对于我们了解其收入状况具有较

1 鄂尔泰，等编 . 国朝宫史 [M]. 北京 ：北京古籍出版社，1994 ：44.

2 中国第一历史档案馆 . 乾隆二十一年九月三十日奏为查讯太监徐朝相等收受盐政官著礼物银两事 [B].

3 中国第一历史档案馆 . 乾隆四十五年九月二十九日奏为以告病为民太监苏常潜住京城审明治罪事折 [B].

4 中国第一历史档案馆 . 奏为丰和万成庆祥万兴四当得过利银数目事 [B].

5 中国第一历史档案馆 . 嘉庆十七年二月初八日奏为审讯太监史良弼认买座钟情形事 [B].

6 伊桑阿，等纂 . 钦定大清会典 ：卷二百二十八 [O].

为普遍的意义。

根据清宫制度，月银 2 两之太监一年应得银薪银 24 两，公费银月 8 两，其应得米粮 24 斛，合 120 斗，12 石，若折以银钱，以乾隆六十年（1795 年）六月京城米价每石 1 两 9 钱计算，共应得银 22 两 8 钱。此三项合计约入银 55 两，几乎与九品文官之钱粮相当。除此之外，太监尚有各种赏银，我们姑且以每次赏银 2 两计算，仅每年端午、中秋、冬至、元旦各主位千秋万寿等节庆以及其所得年终赏银，其太监亦可得银 10 余两。

由此可知，即使没有其他收入，仅仅依靠所得钱粮及各种赏赐，普通太监每年亦可得银 70 余两上下，而上层太监收入则更多。太监收入如此之多，其生活应当较为充裕，但实际却恰恰相反，清宫相当多的太监生活非常困难，甚至有些太监因无钱不能置办当差衣服等用品而逃跑。此种因由非常耐人寻味。

影响清宫太监收入的因素

康熙二十八年（1689 年），康熙皇帝看到宫中一些太监衣衫褴褛，形同乞丐，深感不解。他认为太监所得银钱，应该足够支用，尤其是“太监乃一身一口，又不置办各项”，之所以如此，“皆由赌博之故”。其实，康熙的认识未免偏颇，实际情况则非常复杂。这涉及影响太监收入的诸多因素。

衣食之费是清宫太监支出的重要部分。太监服役宫中，应有统一的服饰，但其服饰并非宫廷或者内务府承办，而是由太监自备。由于清宫制度森严，应在不同场合太监应着相应服装，这就需要太监备办多套服饰，其衣服有外间店铺制作，这对太监是一笔不菲的支出。其饭食则是太监交纳一定数量的伙食费用，由各太监他坦负责相关食品的采购与烹煮。清宫太监的伙食费用在其月银中占有相当分量。嘉庆五年（1800 年），掌仪司太监伙食费用为钱 600 文，约占太监月银的 1/3。不仅如此，有时还要遭受他坦主管太监的剥削，上文中掌仪司太监本需交纳伙食费用 600 文，但其主管太监还每人摊派 400 文，仅此一项即占太监月银的一半。[1] 不菲的伙食费用加重了一些太监的经济困境，以致他们走上逃往之路。

大量财物支援家中是清宫太监的重要义务。在诸多太监中，他们入宫当差的目的不仅仅在于解决自己的生计，更多的则是肩负着改善家庭生活条件的重任。明清两代，因入宫充任太监而使得家庭富足者有之，但更多的则是未能有

1 中国第一历史档案馆．嘉庆五年四月十二日奏为拿获逃走太监张进忠等治罪事 [B].

根本改观。反过来，家中的不断索取给太监的正常生活带来极大困扰。乾隆十年，养心殿太监许贵侄子娶亲，因为家中穷苦，许贵的哥哥关领了该太监钱粮，又将其当差衣物当卖，以致该太监不能当差度日，被迫逃跑。[1] 嘉庆时，因父母、兄弟和妹子在东华门北池子租房居住，宁寿宫太监张呈瑞将所得钱粮除自用外，其余全部资助家里生计。但该太监所得并不能满足家人之需要，其父母向人赊欠，为了归还所欠账目，家人将其衣物当卖，以致该太监难以当差而逃往天津。[2]

层出不穷的过失罚银对清宫太监的收入有直接影响。清宫对太监管束甚严，不容许有丝毫错误。对于缘事太监的处罚，除了掌嘴、板责之外，最为常用的即为罚银。在《国朝宫史》与《钦定宫中现行则例》中有关太监的条款中，罚银条款充斥其中，比比皆是。

诸多的赊欠账目是清宫太监经济紧张的重要因素。清宫太监需要自备衣物、关领钱粮、随园公务等等，这都需要走出宫廷，所以，虽然清宫有严格的请假制度，但太监仍有种种借口得以外出。因为宫中生活的枯燥与管束严紧，出宫太监往往放纵自己，经常到茶楼、酒楼吃茶饮酒，到戏楼听戏，到饭铺吃饭以改善生活。尤其是饮酒，更为他们所喜爱，鲜有饮酒不醉者。这些太监并不注意节俭，以致消耗无度，使得本不充足的收入捉襟见肘，赊欠账目成为他们最为常用的支付手段。由于频繁赊欠，一些太监无力偿还。

最后，其他影响太监收入的因素。诸如损坏器物、赌博、吸食鸦片等，这其中以赌博与吸食鸦片影响最大。对于赌博，清代诸帝都严厉禁绝，但仍有太监聚赌。嘉庆时，太监张喜曾在紫禁城内聚赌，涉及茶房、书房、南府、王府等处太监，既有上层之总管太监、首领太监，亦有普通太监，总数达 19 人之多。[3] 此后，甚至有永和宫太监李光玉因赌博负欠尽死之事。[4]

至于清宫太监吸食鸦片情事出现较晚。嘉庆十八年（1813 年）定，内务府已有处罚买食鸦片烟太监之制度，可知当时宫内已有太监吸食鸦片现象。道光以后，清宫太监吸食鸦片人数增多。光绪七年（1881 年），有太监徐志祥开烟馆设事件。光绪八年（1882 年），有太监阎连成开设烟馆事件，搜出账簿五册，烟具 22 种。[5] 由此可见，当时宫内吸食鸦片之太监必不在少数。

1 中国第一历史档案馆．乾隆十年十一月十二日奏为逃走太监许贵自行投回照例交掌仪司 [B].
2 中国第一历史档案馆．嘉庆二十三年八月十九日奏为逃走太监张呈瑞自行投回并请照例治罪事折 [B].
3 中国第一历史档案馆．嘉庆十四年十一月二十三日呈太监张喜供出从前同赌太监清单 [B].
4 中国第一历史档案馆．嘉庆十三年七月初二日奏报永和宫太监李光玉因赌博负欠尽死审明治罪事 [B].
5 国家图书馆藏．景运门现行事宜 [O].

清宫太监的财富积累

虽然有诸多不利因素的影响，清宫太监的生活较为困难，但仍有相当部分的太监积蓄了一定的财富。当然，由于并无专档记载太监积蓄情况，我们只能从相关档案中查询有关记载，以为管窥。

在清前期，由于制度尚未健全，清宫对太监的管理有所疏漏，在所难免。以库房管理为例，雍正七年（1729 年）之前，清宫之中库储金银等物并无专门管理账册，其库存及出入无账可查，而一些太监借机钻营，获取了巨额的财富。康熙五十一年（1713 年），太监梁九功缘罪籍没家产，仅其家人隐匿财产即多达 8000 余两。[1] 至雍正七年，清宫始有记账专册，借此机会，查出首领太监李升、南乔桂，并太监宁进、王进喜等贪墨情事[2]。

雍正朝记账制度的设立并未有效防止清宫太监的贪墨。继李升之后，温惠皇贵太妃宫内首领太监王璧等虽然设立账目，但记录混乱，仅涉及用项及旧存物件，对于入项并不记载。更为重要的是他们并不直接管理库储，而是交付太监龚三德管理。龚三德伙同马进喜、陈顺从中渔利。据不完全统计，仅人参一项龚三德即获利 3000 余两。[3]

在此之后，乾隆皇帝加强了宫中出入库的管理，太监的此种收入明显减少。乾隆二十七年（1762 年）七月，太监马士俊伙同太监赵进喜、韩得玉、齐国泰偷窃总管潘凤银 250 两。[4] 总管太监属于太监上层，无论薪资还是赏银都较为充足，其积蓄较多在情理之中。至于一般太监，有的也有较多的积蓄。乾隆四十年（1775 年），太监苏常告病为民，其携带之银钱即有金镯 1 个，约重 5 两，玉镯 1 个，银子 280 余两，以及衣服等物。[5]

但如苏常这样积蓄之多者毕竟少数，更多的则是 20 两以下。嘉庆二十三年（1818 年），西船坞太监王进喜携带其积蓄银 16 两逃跑。[6] 嘉庆四年（1799 年），宁寿宫太监刘成德携其积蓄银 5 两出逃。[7] 由于太监多集体住宿，其银两存放室内有被窃之风险，所以，有的太监将其积蓄存放外间钱铺。嘉庆二十二年（1817

1 中国第一历史档案馆．雍正十一年四月二十二日奏请将藉没太监梁九功家人黄四等隐匿伊主家产一案交与刑部详审定拟事 [B].

2 中国第一历史档案馆．乾隆三十三年四月十二日奏为侵盗太妃宫内之已故太监宁进等家产入官并分别治罪事 [B].

3 中国第一历史档案馆．乾隆三十三年四月二十日奏为温惠皇贵太妃宫内屡年出入银两不清案事折 [B].

4 中国第一历史档案馆．乾隆三十四年四月十日奏为拿获行窃逃走太监马士俊等治罪事 [B].

5 中国第一历史档案馆．乾隆四十五年九月二十九日奏为以告病为民太监苏常潜住京城审明治罪事折 [B].

6 中国第一历史档案馆．嘉庆二十三年五月十一日奏为拿获逃走太监马祥等人并请分别照例治罪事折 [B].

7 中国第一历史档案馆．嘉庆二十一年八月二十七日 奏为山东解到逃走太监刘成德治罪事 [B].

年），西船坞太监李四儿逃跑，将其平日积存银钱 4 吊 700 文取出，作为盘缠。[1]

除积蓄银两外，一些太监还置办家产。乾隆三十三年（1768 年），内务府查办侵盗太妃宫内物件之太监，共涉及多人。其中太监李升后人产业颇多，共值银 4 万余两，太监龚三德则开设钱铺一座，盒子铺一座，约值银 43000 余两。[2] 乾隆以后，除了极少数太监进项较丰，置办了一定规模的家产，如李莲英、小德张等，更多的太监家产极为寒酸。咸丰年间，太监丁得禄缘事抄家，其家产“俱系粗笨物件，破旧衣服”，共变价得小制钱 640 余吊。[3] 李玉廷充任太监十几年，为其家里置办两顷多地，还有几头大骡子。[4]

当然，清宫部分太监拥有财产的情况并不能掩盖多数太监的贫穷境况。而且由于清宫太监主要来自贫苦之家，他们充任太监的目的即在于为自己和家庭创造条件、摆脱贫困处境，但残酷的现实使他们距离理想越来越远。面对这种现状，他们却无力改变。最终，一些太监选择了逃跑之路。

但我们亦应看出，清宫太监的整体贫困还有着更为深刻的社会因素。有清一代，虽创造了中国封建王朝最后一个王朝盛世，然而这仍不能避免部分人群的贫困。这是一个社会难题。乾隆以后，举国经济的衰退则加剧了这种贫困，所以，这些人妄图通过入宫充任太监改变现状的设想注定无法实现。

1 中国第一历史档案馆．嘉庆二十二年十月二十一日奏为逃走太监投回李四儿照例治罪事 [B].

2 中国第一历史档案馆．乾隆三十三年四月奏为侵盗太妃宫内物件一案查明首领太监李升等侄孙兄弟等家产变价事 [B].

3 中国第一历史档案馆．咸丰六年三月二十二日奏为查抄太监丁岳宗等家产事 [B].

4 赵瑜．清宫太监回忆录 [J]. 报告文学，2003(6)：102.

民俗宗教与皇家祭祀：北京东岳庙供奉诸神之考察

（节选自 *The Peking Temple of the Eastern Peak*）

Anne Swann Goodrich 著　李锦萍 译

“庙”用在建筑上，表明是供奉神的地方，用来纪念值得尊敬的故人。它是在政府的命令下修建的，享有官方祭祀，并且政府提供财力支持。随着皇权衰落，这一切都发生了变化，政府投入也减少了。国民党执政以后，供奉在此的许多神都被宣称不存在，祭拜也随之禁止。其他祭祀，比如关帝，则被大力倡导。可能是由于政府削减了财力支持，或者仅仅是因为人们对某位神失去了兴趣，抑或是他们找到了更为强大的神，能够帮助他们实现自己的愿望，许多殿座疏于管理，破败不堪。尽管当时的政府对东岳庙进行的宗教活动不是很赞同，但到 1959 年，东岳庙仍在使用，北京人依然到这里烧香，向其中供奉的神灵祈求帮助。

20 世纪 30 年代，东岳庙毫无疑问是面向大众的，既不是国家的也不是知识分子的。所有想在这“落脚”或者人们希望祭拜的神，都可以供奉在此。这里供奉的是北京民众喜闻乐见的众神，并不属于某个特定派别。尽管东岳庙是道观，信众在说到其中的塑像的时候，与佛像没有任何差别，有些塑像还有佛教渊源。在普通民众心理，佛祖和神仙的神似乎毫无差别，所用术语也是完全对等的。许多塑像既不是道教的，也不是佛教的，而是和儒家准则有关。有些是在孔子、释迦牟尼、佛祖和老子之前就被中国人民所祭拜的。在东岳庙，佛教、儒教和道教的教义，以及古代种族信仰的遗存都混在一起，来满足人们的需要。

［作者简介］李锦萍，北京民俗博物馆助理馆员。

这里展现的是中国人民的宗教信仰，不是书本上的宗教，也不是哲学宗教，而是大众宗教。出于人们生活的需要，才有这些神的出现。没有什么需要是非常重要或微不足道的，因而得从精神世界寻找一些力量来满足这种需要。

中国人相信，每个人，每个事物都存在物质形式和精神世界两个方面。精神世界存在于物质形式之中，但不囿于它。人都有精神世界，或者灵魂（确切讲包含了三种，但为了讨论方便，把它们归并为一个），它不仅仅在死后继续存在，即使在生前，也可以暂时离开身体一段时间，然后像回家一样，再返回去。当灵魂永久离开，并且永远驻扎在精神世界的时候，死亡就发生了。然后，它就会拥有在世时所没有的能力，超自然的能力，这种能力可能会对后人带来某种极大的危害或是庇佑。如果它帮助或者保护了在世的人免受邪恶侵扰，人们就会把它封神，给它修庙并且敬献供品。如果是一个邪恶的灵魂，人们可能也会供奉他，让它平静不再作恶，不要给人带来更大的伤害。那些生前榜样式的人物，通常在去世后或者去世一段时间以后被封神，他们的事迹会流芳百世，并且给予非常高的评价。小说中被描述为具有高尚美德或做出丰功伟业的的英雄人物也会被封神，就像是在现实中存在的真实人物一样，或者可能是他们具备某种可以被封神的美德。

不只是人才具备这种可以被封神的灵魂，所有的事物都有自己的灵魂：土地、雷电、河流、高山、家具、动物等等。生命是流动的，可以从一种形式变化成另外一种形式，但不管形式如何变化，都能保持其本质不变。常常，人的灵魂会和自然的灵魂融为一体。[1] 例如，某河流的灵魂，也就是能控制这条河流的力量可能会是某位故去英雄的灵魂；或者某座山的灵魂，也就是这座山重要的精神力量可能会是某位人物的灵魂，而这位人物可能是真是存在的，也可能是虚构的。天上的星星可能会来到地球，然后化身为一个人。所有这些灵魂都可能或好或坏的影响到地球上的生命。因此，和为封神的人修建的庙宇一起的，还有一些是为动物、高山等的灵魂修建的庙宇。东岳庙本身是为祭拜中国最神圣的山——泰山修建的。

中国人认为这种灵魂世界和人类世界一样，是有组织的。在两个世界里，都存在超级力量，在人间是皇帝，在天上是上帝。位于道教众神最高位的是太乙，[2] 是抽象第一性的哲学概念，有时候也被称为乐静信或者天宝。然后是另外一

1 早在商朝，诸如高山、河流等自然物质的神就已经拟人化了。

2 根据威尔奇，太乙是道教中确切出现的第二位神。他的名字在公元前 4 世纪到前 3 世纪期间萨满巫歌中出现过。汉朝时期，他住在北极星。参见 Welch, Holmes. *The Parting of the Way: Lao-tzu and the Taoist Movement*.（道之分歧）Boston, Beacon Press, 1957：102—103.

个哲学概念——三清，随着这三位开始拟人化，其影响力开始逐渐扩大。他们高居三十六重天之上，三清中居首的是元始天尊。尽管他是三清之一，但是位居他们之上。同时，他也是第一性的，没有开始，没有结束，也没有变化，其物质形式是不可摧毁的。他是所有事物的本源，所有真理的源泉。他的教义是不朽的。道教徒创造出这样一个形象似乎是为了回应佛教徒的质疑。在民间传说中，他被认为是隐居在昆仑山中的高人。起初，是由他来统治世界的，但后来，他主动放弃了。位于三清中第二位的是玉皇或玉帝。玉皇不是一个抽象的统治者，从字面上讲，和人类的统治者非常相像，当然，他拥有更大的能力。位居第三位的是老子。

根据施老师所说，三清中清太[1]代表肉体，清上代表灵魂，清玉代表呼吸，每一个生活在三重天中的一重，他们合起来是老子。清太掌管未来，清上是现在，清玉是过去。[2]在东岳庙里的轩辕，[3]也叫轩圣，是三清之一。

在所有这些道教高神中，玉皇被认为是人和神的最高统治者。在民众信仰中，他是上帝。在正式的神仙名单中，他被封为是老天爷。他亲自或通过密使掌管人间的祸福，是救世主。他能宽恕罪恶，完成世间的心愿和愿望，或者降下惩罚。他被称为玉帝是因为根据《易经》：上天是统治者，是玉。[4]玉皇是什么时候第一次被想象出来的，我们不得而知。他的名字第一次出现是在唐代[5]的文学作品中，那时候道教的影响力非常大，但可能在此之前，在和道教有关的民间传说中他就已经存在了。在韩愈（768—824）、柳宗元（773—819）和元稹（779—831）的作品中都曾提到过他，生动描绘玉皇天庭的情景是在石恪（908—965）的作品里，标明了在当时关于玉皇的神话故事已经得到了全面的发展。[6]他第一次作为一位重要的神出现是在宋朝时期。

随后，他得到了皇帝的官方认可。据这期间的正史记载，1005年，宋真宗

1 清太或太清是给老子的封号，他也被称作神宝。

2 还有人认为三清是玉皇或元始天尊、道君和老子。有时候也称为天宝、灵宝和神宝三宝，而三宝通常指的是佛教中的三宝。Under any name the 三清 are efficacious for the expulsion of Kuei. Edkins, Joseph. *Religion in China: Containing a Brief Account of the Three Religions of the Chinese*.（中国的宗教）Rev.ed. London, 1893：13.Dore, Henri,SJ. *Researches into Chinese Supersitions*.（中国民间崇拜）Trans. By M.Kennelly, SJ. Shanghai, 1914—33. 第IV卷，7–8.

3 与皇帝变得一样了。

4 “乾意味着上天，圆，统治者，父亲，玉……”。Legge,James. *The Yi King*.（易经）2nd ed., rev. Oxford-London, 1893,1895：430.

5 Hodous, Lewis. *Folkways in China*.（中国的社会风俗）London, 1929：26—27. (Probsthain' s Oriental Series No. 18)

6 冯汉冀．玉皇的起源[J]. 哈佛亚洲研究杂志 I，1936：242—250；冯汉冀，施赖奥克．中国神话与福开森博士[J]. 美国东方学会会刊，1933）：53—65.

被契丹族击败后，他问他的卦师们，如何才能重新执掌权力。他们告诉他，最好能有一个上天赐予的天启。如果没有真的，编一个也是可以的。他听从了卦师的建议，声称自己多次造访天庭，上天告诉他不久将会收到一封玉皇大帝的来信。1012 年，这封信终于到了，说宋朝的建立者将会拜访当今圣上。很快，皇帝昭告天下说已经拜访过了，“闻到了一股特别的香味，大殿内灯火辉煌，一位至高无上的天神飘然而至，黄色的烟雾弥漫……天神给了我玉皇大帝的命令，说……‘我是赵氏家族第一祖先。[1] 我再次降临人间是来做皇帝的。’”[2] 真宗很快在宫中树立了一尊玉皇大帝的塑像，封他为“太上开天执符御历含真体道玉皇大天帝”，并且赋予他穿黄袍的权利。不管这种想象是否重新树立起了皇帝的威信，但它确实强调了玉皇大帝作为神的重要性，尽管是直到 12 世纪初，他才真正拥有自己的地位。到那时，他和儒教中的最高神——上帝[3] 和天，佛教中的救世主齐名。佛教徒认为，他是佛祖之一，只是宋朝的道教徒给他强加了道教的名字。他可能是有时候也被称为玉帝的因陀罗，这个封号也常常用在玉皇身上。[4] 围绕他的故事也逐渐开始出现。当然，他的出生是个谜。他的妈妈宝月梦到老子骑着一条龙从天空中飞过来，把怀里抱着的婴儿交到她手里。做完这个梦后，她怀孕了，生下了玉皇。[5] 他和许多普通人没什么两样。有一些人认为，他化身成张天师或者是道教宗派首领的祖先张良。另一则记载[6] 把他和汉朝的巫师张仪联系在一起，张仪和另一个巫师比赛去天宫，他第一个到达那里。更为可能的是为抽象的太乙赋予了人性。佛教徒说玉皇是从佛教中借用过来的，并且在佛教诸神，他有些时候会和因陀罗混淆起来，因为他们都有同样的名字——玉帝。另一个理论则表明，玉皇的传说表明了他是古代自然崇拜的一个标志。[7] 他的父

---

1 宋朝是赵氏家族的成员建立的。

2 Maspero, Henri. “Mythologie de la Chine modern,”（书经中的神话）*Mythologie atique illustree*, Paris, 1928:240. 这一观点把皇帝的祖先和黄帝等同起来，而后者，道教认为是教给老子道教基本原理的人。

3 在 1112 年，皇帝给了他上帝的封号，并且创造出一个包含了佛教和道教所有神在内并受他支配的等级体系。Wieger, Leon, SJ. *A History of the Religious Beliefs and Philosophical Opinions in China from the Beginning to the Present Time*.（中国宗教信仰及哲学观点通史）Trans. By Ed. Chalmers Werner. Hsien-hsien Press, 1927：608.

4 艾约瑟说在《佛教仪轨和节日手册》中，因陀罗与道教之神玉帝是等同的。参见《中国佛教》，第 210 页。

5 另外一则传说则是说他母亲受到一声响雷的惊吓，梦到了天神，然后就怀孕了。

6 Giles, Herbert A. *A Chinese Biographical Dictionary*.（古今姓氏族谱）London-Shanghai, 1898:2523. Dudgeon, Sir Charles John. “Chinese Arts of Healing,” Chinese Recorder, III(1870-1):41. 据说是宋徽宗在 1116 年把张天师的地位提升到了玉皇。（翟理斯，同上，第 1257 页）

7 关于坦木兹、阿多尼斯、地狱判官等之间的比较，见贺德士 . 中国的社会风俗 [M]. 第 31 页。

亲是代表太阳的清德，他的母亲宝月是月亮。[1] 他们俩结婚生下了玉皇。[2]

施老师告诉我，玉皇是远古时候的皇帝，他是在白天去世的，去世的时候，曾被目睹在仙乐的伴奏下升上了天。东岳庙的信众把他与上帝和老天爷等同起来，他们所指对象一样，只是叫法不同而已。对老百姓而言，他是所有具体事物的创造者，整个世界的统治者，包括物质世界和精神世界。他的住所在环绕北极的紫微星里，生日是农历正月初九。1 是阳数的开始，9 是结束。

与宋朝的狂热相比，到明朝，玉皇在上天的地位开始衰落、而清朝的皇帝则认为崇拜玉皇是异端。[3]

在管理神和人两个世界这项庞大的工程中，玉皇有一班“大臣”，他们负责掌管各个“政府”部门，如财政、卫生、司法等。每个部门从领导，下级官员到具体办事人员都各司其职，他们都有超过常人的能力和才能。他们可以看到事情的本质，洞察未来，并且能读懂人心，有给予奖励或者施加惩罚的权力。他们手中握有人们渴望的名望、财富和子嗣，同时也有灾难、贫穷、疾病和死亡。两者合起来，共同掌控人类的命运。

这些职位都由人或自然的灵魂来担当，有时候某个灵魂占据一个位置，有时候是另一个，而用哪一个不用哪一个，这个决定权通常掌握在活着的人的手里。人们根据自己的意愿决定选择哪个神来提供保护，赐予财富，以及各种帮助。中国的皇帝可以任意擢升或降贬神灵世界中神的地位，就和在人间一样，玉皇大帝地位的提升就是皇帝行为。地方职位一般由当地人的灵魂担任。不一定非要是历史人物才能担任神位，许多神只是在神话传说中出现过，有的甚至是一个虚构的人物，这一点在东岳庙尤其如此。

明朝时期出现了一本名叫《封神演义》的书，它详尽地展示了可能是当时候的信仰潮流。这本书从世界的本源开始 ：混沌初分盘古先，太极两仪四象悬。子天丑地人寅出……[4] 从这儿开始讲述古代英雄是如何参与到人类文明活动中的：一个征服了凶残的野兽，另一个取火，第三个发现了植物和草药的用途 ；音乐兴起，礼仪和婚礼制度建立起来，洪水得到控制。这些都造福了人类，直到桀

1 关于坦木兹、阿多尼斯、地狱判官等之间的比较，见贺德士 . 中国的社会风俗 [M]. 第 31 页。

2 另一个关于玉皇的传说说的是宝清对着自己的权杖吹了口气，把它变成了一个人的灵魂，这个灵魂随后进入了皇后的身体，然后皇子就诞生了。皇子把他所有的财产都施舍给了别人，然后投身到宝清门下学习，在经过许多劫难之后成为了神。他教给佛陀正确的教义，在一系列劫难之后成为玉皇。参见 Hodous，Lewis. *Folkways in China*. *London*，（中国的社会风俗）1929：28；31—32. (Probsthain’ s Oriental Series No. 18)

3 根据小柳司气太书中的地图，在东岳庙有两处供奉玉皇的殿座。一座在中路的西侧，这里不对公众开放；另一处在后院娘娘殿上方，这里的楼梯很不安全，没法上去。

4 甘路德，前文引述。

因为其不道德的行为而丢掉皇位。随后，商朝夺取政权并不断繁荣昌盛。“要风得风，要雨得雨，老百姓重新开始安居乐业。”然后，又一个暴君即位，商朝灭亡了。统治者纣王非常残暴，在他许多惨无人道的行为中，其中一件就是侮辱女娲。为了报复，女娲从轩辕[1]的坟墓里招来三个妖精，把她们变成漂亮的女子来勾引纣王走上灭亡之路。其中，最具影响力的和最重要的故事是一只狐狸精杀死了一位大臣女儿，并依附在她的身体上，而这个女儿即将成为后宫嫔妃，她就是著名的妲己。直到今天，她和纣王的名字依然是邪恶的代名词。任何批评他们的人都要受到折磨。除了在监狱关了七年的文王，纣王杀掉了他所有的大臣。后来，神秘的姜子牙出现，非常支持有德行的文王，他集结军队，讨伐纣王，《封神演义》的主要部分与这场战斗有关，其中描述了许多超自然力量的战争和对抗。最后，纣王被杀，商王朝覆灭，文王的儿子武王即位，建立了新的朝代，也就是周朝。同时，在战争中遭到杀戮的英雄的灵魂要么升天，要么珍藏在某个塔里，等待时机被封神。姜子牙从太乙，也就是元始天尊那里得到命令，然后相应地把职位指派给那些灵魂，这些职位从那时起至今都由他们担任。东岳庙里所供奉的神大部分都是姜子牙分封的。

关于这本书的作者争议很多。19 世纪很流行的假说认为该书的作者是刘伯温，他是明朝建立者明太祖的一位很有能力的谏臣。在明朝江山稳固建立以后，刘伯温提出功成身退，告老还乡，但皇上不答应。随后，刘伯温就写了这本书作为讽刺，目的是给她的女儿准备一份嫁妆，或者作为对皇上的警示，抑或是作为他状态不好，不适合继续在朝中任职的证据。[2]1938 年，胡适[3]认为这本书可能是陆西星在 1578 年前后，在当时一本叫《武王伐纣书》的故事书基础上创作的。C.H.Tsui 经过自己研究发现是许仲琳在胡适提到过的元代早期的那本书基础上第一次写出这本书，后经李云翔修改。[4]许可能把元代书中的故事和明朝说书人的所说的故事结合在了一起。其他很多人也持同样的观点，因为 1931 年在日本内阁文库发现一本明朝版的《封神演义》，是许仲琳汇编的。近代柳存仁所做的研究也支持胡适的观点。这本书是许汇编的，但不一定就是原作者，在编撰过程中可能还在原著中加进了某些东西，但原作者是陆西星，[5]生活的年代大概

1 神话中的统治者，和黄帝等同。

2 .Garritt，J. C.“Popular Account of the Canonization of the Gods，Illustrated，” *Chinese Recorder*，XXX(1899):164（Deals with 绣像封神演义）

3 与胡博士的对话。

4 崔先生给出了他观点的资料来源：《中国通俗小说书目》第五卷和《日本东京所见中国小说书目提要》。

5 得出这一结论的研究细节见柳存仁《道佛教小说影响中国考》，第一卷，《封神演义的作者》，另见，同上，小说《封神演义》的佛教来源[J]. 皇家亚洲文会香港分会会刊，第Ⅰ卷（1960—61）：68—97.

是1520年到1601年。他是道教徒，但早年受过儒家思想的影响，随着年龄的增长，逐渐对密宗佛教产生了兴趣。他利用当时说书人所用的提示词，其中有一些是在元代就开始使用的，把道教和佛教的神和教义与儒教戒律结合在一起。在这本书出版以后，崇拜佛教和道教诸神这一习俗同时开始流行。《封神演义》中所描述的两个宗派所信奉的神和教义在东岳庙都能找到。

也有这样的时候，就是去世的人物中，有资格承担“工作”的人不够，这样，偶尔也会选派一些活着的人来担当。听说在5世纪的时候，一个名叫沈僧昭的道徒就在东岳大帝手下的某个司任“秘书”一职。他过着正常人的生活，只是在每个月阴历三十这一天，身着道袍在阴间任职一天，然后第二天返回。在民间传说中也有类似的故事，有一则与东岳庙的建立相关，说的是住在东岳庙现址附近的一个妇女在阴间有个不大的职位。有时候，死去的人需要经过很多训练来适应指派给他们的职位，于是他们又变成人重返人间学习。

不是所有逝去的灵魂都能获得职位，只有一部分可以封为神。其他的或者以人或动物的形式重新转世，或者升入天堂，或者进入某一层地狱，或者四处流浪，既不在人间，也不在天堂和地狱，成为孤魂野鬼。每一个灵魂在死后必须去到阴间的某个“法庭”，在那里将决定这个灵魂未来的角色。东岳庙里有些神与死和死后有关，但真正的阴间法官在东岳庙马路对面的十八狱庙里。

生命不仅仅以活着的人为存在形式，还存在于无数灵魂中间，它们对人的生活带来的影响要远超过对人本身。有些灵魂是邪恶的，有些是友善的。如何抵挡那些邪恶的？又如何让友善的提供庇护并带来馈赠？这些问题的答案组成了那些没有受过教育的普通大众真正的宗教，这也正是东岳庙的宗教。

然而，这些信仰背后有一个大众最基本的信仰：生命本身是永恒的，不可摧毁的，是宇宙围绕的中心；一个流动的生命，从一种形式到另一种形式，但本质都是一样的。郑德坤勾勒出的商朝时期的宗教依然能在东岳庙找到足迹。“商朝人民的宗教信仰是建立在宇宙是由三个层次构成的这一哲学基础之上的，上层是上天世界，下层是阴间世界，中间是人类世界……一生中，中国人通过供品和祭祀把上下两个世界联系起来。但去世之后，他依然‘存活’，并且可以随意进入这三个世界。因此，宇宙的中心是人，超自然和自然力量仅仅只是人类的工具，通过供品和祭祀或者向祖先祷告，人类可以利用它们来满足自己的任何需要。”[1]

1 中国考古学：夏商卷[M]. 中国社会科学出版社，2010：225.

从温州东瓯王庙看东岳庙的地方化

黄培量　郑梯燕

在温州旧城县后巷东首折向北，有一条沿着华盖山西面山脚延伸的小巷，名叫华盖里，南起县前头，北至瓦市殿巷。旧时华盖里因道路曲折而分为三段，南称小沙巷，中曰大殿前，北为山下街。这条并不很长的巷中，却有几处影响很大的古迹，较为著名的有东瓯王庙、梧竹书院和蒙泉。其中东瓯王庙是东瓯历史的一座重要地标，地域文化一个重要符号。

东瓯王驺摇是温州的人文始祖，系春秋末时越王勾践的七世后裔。据《史记·东越列传》等有关史料记载，公元前333年，越国被楚国所灭，越王部族南迁，在东瓯称王，秦代时被废除。秦朝末年，陈胜、吴广揭竿起义，驺摇率领部下及瓯人随鄱阳令吴芮起义，灭秦之后又帮助汉高祖刘邦击败项羽，被汉廷封为“齐信侯”。汉惠帝三年（公元前192年），驺摇因功勋卓著，深得民众拥护，被晋封为东海王，建都东瓯（即今温州市），世称“东瓯王”，其地域横跨今浙江温州、台州、丽水三市。他所建立的东瓯国，有极其重要的意义。它不仅是温州历史上第一个见诸于记载的行政建制，而且为此后两千多年温州行政区域建制奠定了初步基础。驺摇任东瓯王期间，善于管理，使温州的经济、文化得以迅速发展，改变了瓯人的落后状况，在我国东南沿海显露出文明的曙光。

[作者简介] 黄培量，温州市文物保护考古所副所长、文博副研究馆员。郑梯燕，温州市文物保护考古所文保室副主任、文博馆员。

一、现存的华盖山东瓯王庙

华盖山东瓯王庙系纪念东瓯王驺摇的庙宇。于 20 世纪 70 年代被改建为华盖里小学，学校拆除了东瓯王庙地面建筑，只剩下石头的台基孤零零地伫立在华盖山麓。庙内外两个水池也先后被填埋。大门台因作为学校大门使用幸而得以保留。这座清代建造的大门台，于 1981 年被列为温州市文物保护单位。整体为砖石结构，平面呈八字形，四柱三间悬山式，中间设垂带踏跺。门台为青石须弥座台基，表面浮雕着双狮戏球、夔龙等图案，造型生动，手法娴熟，是城区难得的石雕精品。大门踏步两侧遗留一对青石基座，上部缺失了抱鼓石，两侧为磨砖照屏。明间门额中嵌楷体直书“东瓯王庙”青石匾，门台青石柱上另有两副青石联柱，联云：“报仇雪耻地辟瓯邦茅土分封崇祖国，震古烁今灵昭华盖城池巩固赖神功”、“画野分疆瓯脱江山开辟早，务农兴业海隅民物阜康初”。概括了东瓯王驺摇的历史功绩。门台前隔路相对为照壁，照壁前有一梯形的水池，曰“月光池”，池中央置约 3 米高青石鼎釜。

今天的东瓯王庙与墨池公园连为一体，形成名胜古迹与自然风景相结合的文化旅游点，是一个纪念温州始祖、追溯家乡历史的文化教育场所。

东瓯王庙门台

东瓯王庙门台背立面

二、温州忠靖王信仰的产生流播与东岳庙的历史

东岳神的祭祀在中国传统上是较推崇的，隋唐时即已开始崇祀。泰山为中国五岳之首，泰山岳神原称泰山府君，宋真宗祥符元年（1008 年）诏封“东岳天齐仁圣王”，简称“东岳大帝”[1]。到明代虽然明太祖朱元璋废除其“圣王”、“大帝”封号，规定一概以神称之，但那时东岳信仰在民间已流传普遍，其庙祀也不限于泰山，而在全国各地都建庙并定期开展祭祀。道经中说，东岳大帝“掌人间善恶之权，司阴府是非之目，案判七十二曹，刑分三十六岳，惩奸罚恶，录死注生，化形四岳四天圣帝，抚育六合万物群生”。可见东岳大帝在道教中地位之崇高。

考证温州东岳庙历史，在宋代时即已存在。在宋代后，温州的东岳庙主神，却开始演化成地道的本土神祇，俗称“温忠靖王”。据明代宋濂《忠靖王碑记》，忠靖王温琼，字永清，一字永玉，温州平阳人。唐长安二年（702 年）生，后举士不第而幻化为神。为东岳泰山庙十大太保之首。宋代，温琼被封为“翊灵昭武将军正佑侯”、“正福显应威烈忠靖王”等职[2]。元代时已明确在华盖山麓建有东岳庙，延祐元年（1314 年），华盖山东岳庙被火全部烧毁，四年后才由达鲁花赤脱帖木尔发起重建。这次重建为以后的东瓯王庙奠定了基本的格局。从元章嘉

1 绘图三教源流搜神大全（外二种）[O]. 上海：上海古籍出版社，1990：47.

2（明）宋濂 . 温忠靖王庙碑 // 温州碑刻集 [C]. 上海：上海社会科学出版社，2002：60.

撰写的《东岳行宫碑》看，大殿前为月台，再之前为水池，两边为廊庑，前为山门，大殿东边为会岳楼。以后明清两代东瓯王庙都是在这个基础上屡次修建，如明代嘉靖初年，东瓯王庙门廊被台风损毁，后来庙内建筑也开始破败，万历八年（1580 年），郡丞刘正亨因为祷雨到了东瓯王庙，看到衰败的景象后，首先捐出俸银，发起修庙。这次修庙，将庙内水池中的桥改成台，在庙大门外重新树立了照壁。

关于温琼的神化，在温州地区有民间传说长期流传。温琼是唐代温州平阳县的秀才，长得一表人才，五官端正，眉清目秀，而且他忠厚善良，生就一副热心的性格。但温琼却偏偏学业无成，几番赴京赶考都名落孙山。一日他于借宿的庙中听到两个疫鬼准备投毒于水井的话语，守井到天亮，提醒清晨来提水的人们莫饮此井水，但苦苦劝说，别人却不以为真。情急之下，温琼以身试水，投井而死，死后全身发蓝，人们才知其语为真。为纪念他的英勇舍身，奉他为“东嘉忠靖王”。后得到了官方的封号“东岳从兵翊灵昭武侯温天君忠靖圣王”，为东岳泰山神所属的元帅，因为他是温州人，温州老百姓对他有一种亲切感，又把他叫“东岳爷”或“温元帅”，其地位反而超过了真正的东岳大帝。每年农历三月三，温州东岳庙还举行祭祀仪式，以示景仰。人们抬着他的神像出巡，以驱瘟神保平安。

忠靖王崇祀自温州发源后，很快流传到它地。南宋时，据《浙江通志·祠祀》记载：“[旌德观志] 王姓温氏，讳琼，字子玉，温之平阳人。初封地祇主令翊灵昭武将军正佑侯，嗣封正福显应威烈忠靖王，则宋季之累加也。旧庙祀浙之温郡。其祀于钱塘则自宋宝庆二年始。时灾厉盛行，有司迎王禜除患立巳杭人德王。将导引还郡，舁夫百像，弗为动迁，人谓王歆斯。府尹袁韶奏请于朝。初立于杭之苏堤，后徙建于城之东保安坊南良里额曰‘旌德昭王’仁也。”

杭州旧俗还有元帅庙会的举办，自南宋始，传于明，而盛于清。在每年农历五月十八日，群众为纪念温忠靖王，祭奠而举行盛大的庙会。因在杭州地区崇祀温元帅的庙宇分布甚广，元帅庙会活动也非常流传。像杭州湖墅每年农历五月十八举行的温元帅庙会，人们从湖墅草营巷东岳庙旁的元帅庙内请温元帅座像出会巡游。上至武林门，下抵北新关，巡游队伍声势浩大，同时城中各庙有助会，抚院以下各级衙门均会协助大班一副。出会之日，全城七十二班轿夫，每班四五十人，均穿相同颜色的衣帽，中央抬着庙中温元帅座像按规定的线路巡行。线路分成几段，每到一处要进行换肩，称为“升驾”。在神像前面的队伍中，要擎着无拘霄汉牌一对，长吹一起，之后跟随八名文武判官，脸上化妆，手执狼牙棒、乾坤圈，个个神气凛凛；再之后后则是穿着朝衣戴着朝帽的各班禁役，

东瓯王庙大殿与厢廊

杭州捕府还要出动四个刽子手，押着由许香愿信徒扮演的“斩犯”两名；队伍最后，是各庙助会的幡竿、香炉、高跷、龙灯、台阁等四五百物件，鼓乐齐鸣，鞭炮响彻，观者如云，整个杭城轰动。

与温州邻近的处州（今丽水），每年三月初三要举行“太保庙会”，这也是祭祀温忠靖王的庙会，这是处州城内最隆重的一个庙会。会前首先要由“太保庙会”首事聚首，由会长率领诸董事到太保庙举行祭祀仪式“请神”，仪式前在太保老爷神像前的案桌上摆设斋菜和三牲祭品，全庙各处要焚香点烛，在烟雾缭绕中，用一顶大轿请出太保神像的“克隆像”，这是一个缩小版的木雕太保老爷神像。待木雕神像被“请”上轿后，此时聚集在太保庙外广场上的各式队列也早已恭候，然后按排定的顺序依次行进。出巡的队伍场面宏大，最前面是两面由双人抬的大铜锣鸣锣开道，紧随其后的是仪仗，有红漆黑字的牌匾和招摇的旗幡，牌匾上书“肃静”、“回避”和“忠靖王”、“温元帅”等。第三梯队是民间乐队，由唢呐、琴箫等乐手组成的。殿后的是牛队，由牛主人牵着诸多水牛（不足时由黄牛补充）组成，牛角均扎红绸，牛背上则坐有一个红色“囚衣”的小孩，其父辈于牛旁扶持照顾。

三、东岳庙的庙额更换

最初的东瓯王庙位于温州城内海坛山西麓的打绳巷 96 号，庙内供奉东瓯王称为“永嘉地主昭烈广泽王”，明洪武初年，诏定为“汉东瓯王”。当地百姓亦称此庙为地主殿。这座东瓯王庙规模较小，现在虽然大部分建筑已经于20世纪八九十年代拆建，但最近调查时发现最后一进还保留着清末时期的建筑，从平面可以分析，原有三进三开间建筑，占地面积约440平方米，只有现在华盖山东瓯王庙占地面积的四分之一大小，所以同明成化年间迁庙的原因“王故庙隘弗称”[1]的说法是相吻合的。

明成化十三年（1477年）郡守项澄命县令文林厘清境内庙祠的群祀，群祀也叫小祀，与大祀和中祀构成古代祭祀制度的三个等级。”《清史稿·礼志一》：“清初定制，凡祭三等：圜丘、方泽、祈谷、太庙、社稷为大祀。天神、地祇、太岁、朝日、夕月、历代帝王、先师、先农为中祀。先医等庙，贤良、昭忠等祠为群祀。”群祀的对象有司中、司命、风伯、雨师、诸星、山林、川泽等。群祀范围广泛，神祇众多，列入祀典的也属于官方祭祀的范畴，所以项澄觉得有必要对祭祀的对象进行一番梳理。正是因为打绳巷东瓯王庙场地狭隘，在这次清神运动中，将华盖山西麓的东岳庙改为东瓯王庙，毁去东岳庙内供奉的诸神塑像，换成官方认可的东瓯王像。华盖里改建东瓯王庙后，打绳巷东瓯王庙仍保留着祭祀。清乾隆时庙内石碑上尚刻有清诗“浙西六家”王又曾的一首诗，全面概括了东瓯王的历史和功绩。

四、东瓯王庙与东岳庙的并存

温州华盖山东岳庙改为东瓯王庙后，东岳神失去了依托的场所，这同东岳神在温州的地位是不相称的，于是后来，东瓯王庙南边一路建筑又恢复为东岳庙，时间大致在清初，位置就在今华盖里的第五幼儿园。新的东岳庙同东瓯王庙格局有很大的相似性，沿着小沙巷为山门，在山门的南北两端的小沙巷路上还有两道风火墙，形式同今天朔门街的风火墙很接近。跨进东岳庙大门，就是一个全是用青石铺就的天井，天井中央有一个很大的方形水池，池中横跨有石桥，直通东岳庙大殿，池边环绕青石栏杆，池水清澈，游鱼可鉴。大殿后面与东瓯王庙一样建有配殿供东岳娘娘。庙外隔小沙巷正对面为一座戏台，台后有二层戏楼。这个戏台直到20世纪80年代还在原址，后因房屋拆建而被附近老人迁建到华盖山上，改为玉华亭。青石圆柱上刻着对联：“台耸枕华山，一曲松风涵晨响；地灵依玉洞，半空仙籁和元音。”上联华山指华盖山，下联“玉洞”指道

1（清）光绪《永嘉县志》：卷四，建置坛庙[M]．台北：成文出版社有限公司，1983：371．

大殿东瓯王塑像

殉難紳民婦女之奉準入祠者五百餘人製牌附祀並
將祠內向有菜田十四畝亦查出歸祠惟改建大門俟
諸異日此
記新纂
東甌王廟　在華蓋山下舊稱永嘉地主昭烈廣澤王明
洪武初詔定爲漢東甌王（舊志）成化丁酉知縣文林改嶽
廟祀之（湯志）歲二月八日致祭（康熙志）王姓騶氏名搖越
王勾踐七世孫爲秦所滅
遂率其民從諸侯滅秦又從漢滅項籍惠帝三年封東
甌王殁葬甌浦山因立廟焉其一在永興堡（王叔杲
重脩廟記）吾郡古稱東甌環九山而城東爲華蓋秀聳
甲一郡山之麓故有東嶽廟建自勝國而海壇山麓故
有漢東甌王廟成化間郡守三山項公澄命邑合姑蘇
文公林釐正羣祀諸弗隸制典者汰之以故王廟隘弗
稱毀東嶽諸神像易廟額崇王祀焉嘉靖初門廡拔於
颶風會郡丞新淦劉公丑亭以禱雨至廟顧瞻廟宇凋
爲首捐俸率作子來於襄其成遂鳩工簡材易朽蠹塗
丹雘果甍爲壁撤橋爲臺面衢重樹門屏望之金碧輝
永嘉縣志　卷之　建置　壇廟　民國二十四年補刻

《光绪·永嘉县志》——东瓯王庙

教福地“太玉洞天”，清楚地道出东岳庙戏台所处的优美环境。今天从第五幼儿园内沿华盖山而上，还可以看到当年建筑的台基，雕刻着如意纹的垂带石，依稀可辨出当年庙宇的规模。因恢复的东岳庙规模略小于东瓯王庙，民间习惯称东瓯王庙为“大殿”，而称东岳庙为“小殿”。

起初后人为了纪念温州的东岳神忠靖王，香火烛光祭祀不绝。每年的农历三月初，当地居民将庙中忠靖王像肩扛手抬，巡游街市，以示纪念，祈求福佑（俗称“大人迎佛”）。神出庙的那天，经过的街巷多设布棚，张灯结彩，灯烛相迎。到了清嘉庆年间，迎东岳已发展成为温州民间信仰活动中的重要民俗并和拦街福活动互相联系在一起。迎东岳的活动的实质是乡傩这种民间祭祖性宗教仪式。但现在很多报道和宣传里把这活动中的王像定为东瓯王，其实是一种误解，乾隆《永嘉县志》十三“祠祀条”记载：“忠靖王庙……民间必请王出庙，巡行城内外，以驱瘟疫”。忠靖王为泰山神所部的元帅，所供神像为蓝面、蓝手、蓝脸，为驱疫之神，忠靖王像出巡才是合理的。因为东瓯王庙与东岳庙存在的历史联系，后人容易将“迎佛”活动的内容“移植”为东瓯王，造成混淆。东瓯王在记载中是每年农历三月（光绪永嘉县志称二月）初八致祭，祭品为猪一头。

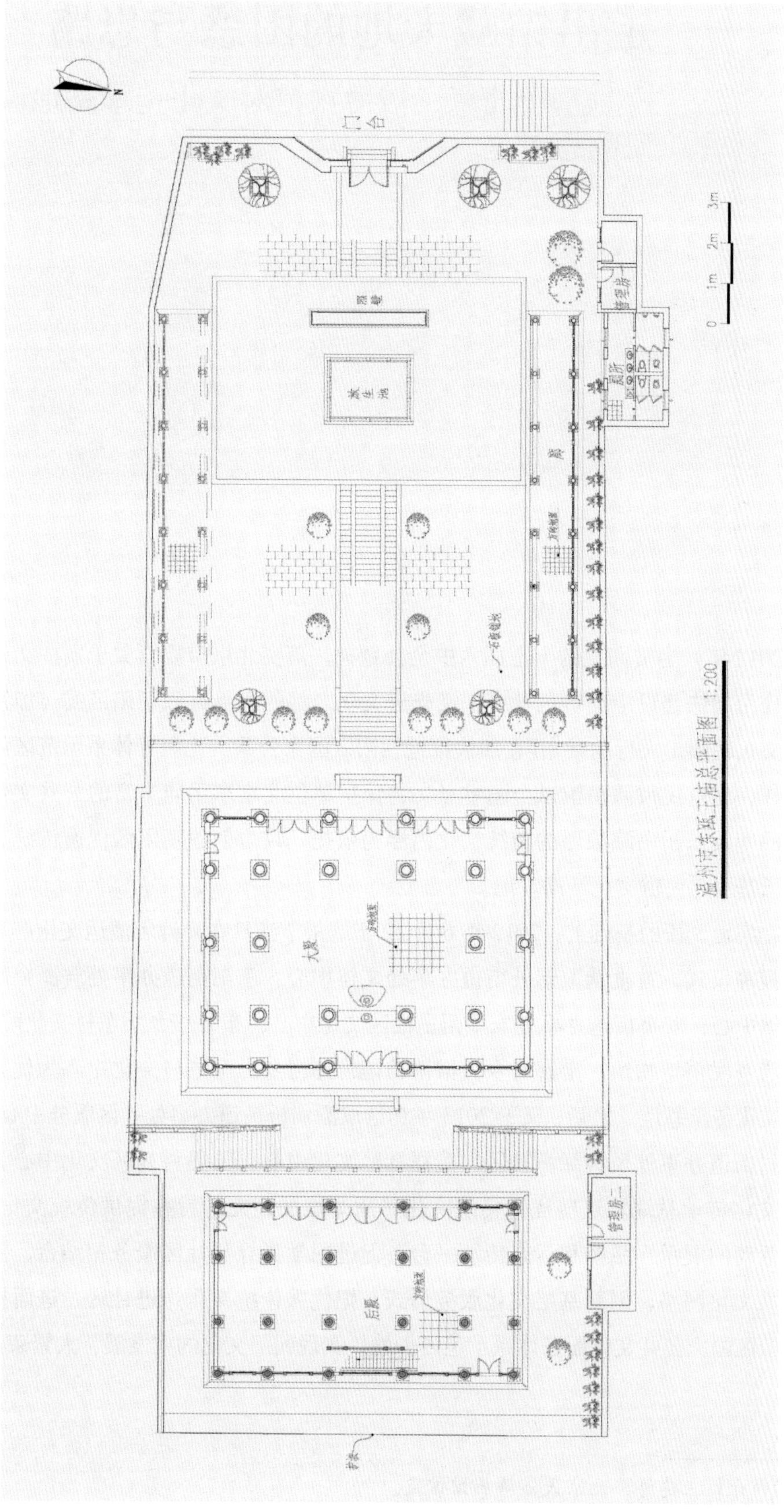

东瓯王庙总平面图

走出馆藏天地的困惑与思路

——基于北京民俗博物馆对文化传承基地调研的思考

王建涛

2012年，为贯彻党的十七届六中全会精神，落实北京市委《关于发挥文化中心作用加快建设中国特色社会主义先进文化之都的意见》和朝阳区委《加快建设文化朝阳十大行动计划》，加快推进朝阳区国家公共文化服务体系示范区创建工作，北京民俗博物馆以全国重点文物保护单位北京东岳庙丰富的公共文化活动品牌及东岳书院浓厚的传统文化内涵为依托，致力创建朝阳区优秀传统文化传承基地与民俗文化活动基地。

在实地调研的基础上，2012年6月22于端午节当日在高碑店漕运文化广场举行授牌仪式，首批选取朝外街道办事处文体中心、东湖街道办事处君泽会国风餐饮中心、安贞街道办事处安华西里社区文化中心、崔各庄乡奶东村文化院、高碑店乡民俗博物馆、南磨房乡民俗博物馆、孙河乡上辛堡村文化中心为优秀传统文化传承基地。之后，又于2013年初选取酒仙桥街道办事处社区服务中心、奥运村街道办事处风林绿洲社区、龙祥社区文化中心、国奥村社区文化中心为优秀文化传承基地。这些优秀传统文化传承基地的建立，旨在提供传统文化、民俗活动的展示、弘扬和活态传承平台，促进国学指导与社区服务相结合，搭建公共文化网络，创新基层文化服务形式，把优秀传统文化送进社区，进而推动朝阳区国家公共文化服务体系示范区创建，实现朝阳文化的大发展、大繁荣。

［作者简介］王建涛，北京民俗博物馆馆员。

一、基地运行的现状

优秀传统文化传承基地成立以来，根据自己的实际情况，采取各种各样的方式，取得了一系列成果。孙河乡历史悠久，尤其是民俗文化活动更为丰富，但以往各个乡村四散纷落，不利于开展以文化讲座为主的文化活动。2013 年 10 情况有了变化，农民拆迁上楼形成新的社区，为开展文化讲座提供了基础，在此基础上，开展了多次文化交流、文化研讨之类的活动。

朝外街道办事处则充分利用自己辖区内的名人资源开展一系列活动。著名表演艺术家游本昌先生就居住在朝外办事处辖区内，因此朝外办事处文化服务中心特意准备了游本昌工作室，利用游老师的空闲时间来指导文化艺术爱好者的活动。才外，朝外街道办事处地区服务中心特意成立国学堂，开展诸如茶道、孝道、礼仪之道等一系列体现中华优秀传统文化内容的活动。

再比如奥运村街道办事处的风林绿洲文化传承基地，利用社区内主要以中科院家属楼为主，从而拥有居住人员稳定、文化素质较高的的优势，从风林诗社开始，建成了近百名国学爱好者的风林国学社。他们不仅专注于自己的文化活动，于传统节日期间举行清明诗会、端午诗会、中秋诗会等活动，也积极参与社区文化建设，通过展示板、图像上墙等方式推动传统文化进楼院，大力宣扬国学。同时还注重儿童的国学熏陶与教育，通过举办假期学国学、幼儿国学班等途径为优秀传统文化传承做自己的贡献。

酒仙桥街道办事处社区服务中心的“国学大讲堂”在传统文化讲座方面的工作尤其突出。因为酒仙桥地区曾经是新中国成立后北京电子工业园区，在原先单位提供住房的体制下，大部分职工都居住在工业园提供的住房里，发展到今天则形成了一个人员居住相对固定的社区。虽然，现在该地域人口逐渐多元化，但仍然以过去的老职工为主。这些老职工文化素质较高（时代原因，过去上过学，接受过教育，能看书识字读报则算有文化，不能以现在的教育水平做参考）、居住都相对稳定，便于组织也便于学习。鉴于此，酒仙桥街道社区服务中心开办“国学大讲堂”，通过自愿报名的形式在居民中组成了 100 多人的国学班，国学班每月举办两场讲座、组织一次实践课，每年进行一场座谈会和学习总结。两场讲座分为传统文化讲座和养生保健讲座，文化讲座主要是对优秀传统文化中的传统美德比如孝、信、正、礼等进行讲述。酒仙桥社区服务中心“国学大讲堂”成立两年多来，深受社区居民的欢迎，上课的学员都自带笔记本，在课堂上认真做笔记，说回去多复习并教给孩子听。多位学员还购买了很多参考书，讲座之后和讲课老师一起进行研讨。

其他南磨房乡民俗博物馆主要是器物为依托，通过实物展示的方式来传承文化；高碑店村民俗博物馆主要是在每年的二月二、清明节、端午节等民俗活动期间同时举办文化讲座；东湖街道办事处的文化传承基地因各种原因后来迁到白家庄实验小学，主要注重与学校的合作，通过校内教育达到优秀传统文化传承的目的。

总而言之，文化传承基地成立以来，通过各具特色的一系列活动，在优秀文化传承、弘扬、推广、普及的工作上发挥了积极作用。

二、基地目前的困境

尽管文化传承基地取得了可喜的成绩，但因各种各样的原因，目前也存在一系列问题，这些问题严重影响、制约了文化传承基地的良性发展，这些问题比较突出的是建设文化传承基地所需要的人员不足和资金不足。

1. 人员不足主要包括办公人员不足和专业人员不足

办公人员主要是负责文化工作的专职人员。尽管从体制上讲，每个街乡都有三名专职的文化干部，但实际工作中，因为文化工作的不可量化性，因此，这些专职干部往往被“挪作他用”，被调到人手更为紧张的部门。比如孙河乡文化服务中心所配备的三名文化专职干部只有一人到岗，其他两人都被调到其他部门，这就造成了文化工作人员不足的窘境。朝外办事处也面临这样的问题，因为人员的缺失，他们只能通过向社会组织购买服务的方式来完成自己的工作。南磨房的文化传承基地也是如此，通过雇用临时人员来负责文化工作，临时人员一是对文化工作不熟，业务能力不足，二是对若干问题又不能拍板，做不了主，因此往往在实际工作中缩手缩脚，从而不利于工作的开展。

除了办公人员不足之外，专业人员不足则直接制约着文化传承基地的发展。文化专职干部是通过考试才录用的专业人员，他们被挪作他用不仅造成人手不足的局面，更关键的是没有懂文化的专业人员来指导文化工作的开展。正如前面提到的孙河乡文化服务站中因专职干部被别的部门借调，因此现在的 4 名工作人员中只有一人是专职人员，其他都是“外行人”，而且这些外行人年龄普遍偏大，开展文化工作有一定难度。除了体制内专业人员的缺失外，社会上的诸如文化志愿者、高等院校、科研院所等文化专业人员未能深入社区、深入基层也是影响文化传承基地发展的一个重要因素。

2. 资金不足也是影响一些基地发展的关键因素

文化传承基地按其性质来分大体可分为三类：政府全额拨款型、差额拨款型、自力更生型。政府全额拨款的比如孙河乡的文化传承基地、朝外办事处的传承基地、南磨房的传承基地等基本上没有资金压力，在国家弘扬优秀传统文化、大力培养和践行社会主义核心价值观的大背景下，文化工作受到广泛重视，因此，资金能够有保障。但差额拨款像酒仙桥社区服务就稍微有一些困难，比如用于开展文化讲座聘请老师所需要的劳务课酬、送给听众小纪念品等相关费用的支出无疑成为他们开展文化活动的阻力。而像风林绿洲社区这种以社区办基地开展文化活动则困难更大，他们所能申请的经费和资金相对有限，因此，开展工作往往是心有余而力不足。此次调研，风林绿洲基地负责人就提到：因为资金不足、场地狭小，所以严重制约了基地的发展。

毫无疑问，尽管文化传承基地在实际工作上面临各种各样的困难，但人员不足和资金不足无疑是最关键的两个问题，这个问题如果不能好好解决，就难谈文化传承基地的持续发展。

三、博物馆的思路

博物馆从收藏、展示、研究等传统职能的馆藏天地走进大千世界，难免有一些不适应和方方面面的现实问题，因此，也需要博物馆根据实际做出正确的定位并采取切实可行的措施。

1. 博物馆与各基地的关系

虽然，各文化传承基地由博物馆成立并授牌，但从系统组织、体制统属上来讲，博物馆对各基地没有任何的约束权和管理权。博物馆是文化委的下属单位，博物馆现在所做的工作实际上是文化委职能的延伸，但实际上说博物馆职能延伸了而相对应的权力却没有延伸，因此各街乡的文化科所对应的归口在文化委而不是博物馆，所以博物馆对各基地从权力上约束不到、从财力上支持不到。两者的关系应该是在业务上的相互合作单位，这就需要互相沟通、多方交流，否则，博物馆建文化传承基地的工作难免流于形式而无实效。

虽然博物馆对各基地不能统属、管辖，但依然可以为各基地提供平台、提供师资，对他们的工作进行提升与指导。当然，这需要我们自身有足够的实力。我们和北京电视台“这里是北京”栏目组通力配合、追踪拍摄、制作而成的《小村子里的生日大派对》就是为基地的发展提供的一个很好的平台。再比如帮高碑店村拍摄的《二月二何止龙抬头》、《古村过端午》，与庆丰公园管理处拍摄《明明白白过清明》、与奶子房村拍摄了《奶子房古村里的慈善》等专题片，都引起社会的广泛关注，不仅在公众中树立起良好的品牌形象，更通过媒体宣传，让这些基地大放异彩，这也说明，我们为基地提供平台的方式是可行的，基地是认可的。

2. 博物馆与基地的合作措施

从目前博物馆建立文化传承基地两年多的实践来看，博物馆与各传承基地交流过程中一个较大的困难是缘于各基地负责人的不确定性。各文化传承基地的每换一次负责人都意味着以往的工作基本白费，也就是从头再来。因此，这需要博物馆采取多种多样的方式，一定要做活做实各基地的工作，唯有这样，才能免于流于形式。具体可通过赠图书、送讲座、办活动等方式来进行。

送图书不仅仅是图书馆的工作，图书馆是面向全区居民的，而我们博物馆建立基地则是有针对性的，也可以为基地成立小型图书馆并支持相应的文化图书。因为，中国文化五千年来绵延传承而没有中断，尽管有多种原因，比如文化部原部长、作协名誉副主席王蒙认为是“由于长期以来中华文化没有受到过外来文化的挑战，少有竞争”[1]的原因，但一个不容置疑的原因是自周朝时就出现的藏书机构，即古代的图书馆，此后藏书机构不断发展完善并形成藏书文化，中华文明就这样世代相传，五千年来未曾中断。正如英国著名历史学家汤因比所说的：中国文化之所以能够在全球各种文明当中历经风雨寒暑，仍保持文化性格的一贯性，其重要原因是中国有丰富的文化典籍和藏书文化。由此可见，图书馆在优秀传统文化传承中肩负着重要的责任，文化传承基地建立的初衷不就是优秀传承文化传承吗？因此，送图书也可以成为博物馆为基地提供支持、帮助的重要途径。

送讲座应该是与各文化传承基地合作的一个主要形式，通过对社区居民进行国学、传统文化配送的文化举措，以图引导全区居民养成爱学习、读好书、听讲座的好习惯。习近平同志 2009 年在中央党校春季学期第二批进修班开学典礼上讲话提出：“领导干部要爱读书、读好书、善读书。真正把读书学习当成一种生活态度、一种工作责任、一种精神追求。要读好马克思主义理论著作、工作必需的各种知识书籍，要通过研读优秀传统文化书籍，吸收前人在修身处事、治国理政等方面的智慧和经验，养浩然正气，塑高尚人格，不断提高人文素质和精神境界。”领导干部如此，广大人民群众亦要如此。因为看书与听讲座不仅是学习知识、提升知识储备的快捷途径，也是优秀传统文化传承的重要途径。

送活动是指通过举办活动，以活动为载体，与各基地展开合作，从而做好优秀传统文化的传承工作。比如朝外街道因靠近朝阳门、临近朝阳路的原因，

1《中国文化报》2014-10-14.

在历史上就属于经济繁华、人文荟萃之地，曾经的胡同文化也富有特点，但在城市化进程中，昔日的胡同早已被高楼大厦所代替，但人们的记忆里依然有他们的一席之地。在此基础上，北京民俗博物馆帮朝外街道办事处在地区服务中心举办了一次老朝外胡同展，受到当地居民的一致好评。

总之，博物馆走出馆藏天地是一种进步，是符合社会发展的必由之路，但也注定会困难重重。这需要全社会的关注和改变，从大方面上讲，需要制度上的改变，即顶层设计。改变过去政府办文化的模式，由办文化变成管文化，适当放权、注重监管，对能做好文化工作的单位、社会团体适当放权才行。从小方面来讲，博物馆内部也要加强改革，引进竞争制度，这是因为要指导、提升各基地就必须加强自身的业务能力，打铁还需自身硬，业务单位必须有出色的业务能力，历史已经证明并将继续证明：一团和气注定一团死水、没有竞争注定走向平庸。 博物馆的工作亦是如此。

2014 年北京民俗博物馆大事记

1.1 月 31 日—2 月 5 日（农历正月初一至正月初六），第十三届北京民俗文化节暨第十六届东岳庙春节文化庙会隆重举行。

2.3 月 2 日，北京民俗博物馆、高碑店乡政府和高碑店村委会共同举办“高碑店第三届二月二龙抬头节”。

3.3 月 6 日，北京民俗博物馆被评为第一批 200 个首都学雷锋志愿者服务示范站（岗）。

4.3 月，北京民俗博物馆荣获首都精神文明建设委员会颁发的“首都学雷锋志愿服务示范岗”荣誉称号。

5.3 月 13 日上午，北京民俗博物馆召开党的群众路线教育实践活动启动。

6.4 月 2 日 -4 日，北京民俗博物馆我们的节日·清明系列文化活动成功举办。

7.4 月 22 日上午，北京第一届两岸妈祖巡安庆典——纪念妈祖诞辰 1054 周年文化活动在北京民俗博物馆海神殿隆重开幕。

8.5 月 18 日，北京民俗博物馆博物馆日活动成功举办。

9.5 月 28 日，美国纽约市布鲁克林区区长埃里克 · 亚当斯先生一行 9 人到北京民俗博物馆参观访问。

10.5 月 30 日，北京民俗博物馆成功举办“我们的节日 · 端午节系列文化活动”。

11.6 月 7 日，东岳书院系列文化研讨系列之华香文化论坛在北京民俗博物馆成功举办。

12.6 月 10 日，韩国青少年学生代表团到北京民俗博物馆参观交流。

13.6 月 13 日，北京民俗博物馆在举办文化遗产日系列活动。

14.6 月 19 日，香港大学中文学院“民俗学与现代中国文化”研修班到北京民俗博物馆参观。

15.6 月 19 日上午，北京市副市长杨晓超带队到北京民俗博物馆检查安全工作。

16.6 月 20 日，北京民俗博物馆举行民间收藏家朱海彬先生文物捐赠暨受聘仪式。

17.6 月 30 日上午，南京市民俗博物馆到北京民俗博物馆参观交流。

18.8 月 3 日，由北京民俗博物馆东岳书院、知止中外经典读书会、中华书局经典教育推广中心主办的《新孔学〈论语〉讲坛》正式开讲。

19.9 月 5 日，“我们的节日 · 中秋节”系列文化活动成功举办。

20.9 月 30 日，“我们的节日 · 重阳节”系列文化活动成功举办。

21.10 月 31 日，北京民俗博物馆召开党的群众路线教育实践活动总结大会。

22.12 月 3 日，北京民俗博物馆签约物业公司，实行物业化管理。

23.12 月 5 日，北京市文物局第 74 次青年学术论坛活动在北京民俗博物馆举行。

24.12 月 12 日，北京民俗博物馆后罩楼舞台改造工程完工。

25.12 月，北京民俗博物馆荣获北京市青少年学生校外教育工作联席会议办公室和北京校外教育协会颁发的“第九届北京阳光少年活动优秀组织奖”。

征稿启事

《北京民俗论丛》（以下简称《论丛》）是北京民俗博物馆主办的社会科学综合性学术年刊。每年1期，每年年初由学苑出版社出版，面向国内外公开出版发行。《论丛》开设栏目丰富，主要栏目设有“民俗文物文献研究”、“博物馆理论与实践”、“北京史地民俗研究”、“田野民俗志”、“东岳文化研究”、“非物质文化遗产保护”等。

《论丛》现诚向各界专家学者征求稿件，有关事宜启事如下：

一、来稿须为作者本人原创，且未公开发表，稿件内容要求文字精炼、层次清晰、观点鲜明。来稿确保不涉及保密、署名无争议，因文字、引注、图片等引发的观点或版权问题，皆由作者本人承担。

二、本刊只接受word版电子文本。文稿须包括题目、提要（100—300字）、关键词（3–5个）及作者简介（姓名、工作单位、职称、通讯地址、邮政编码、联系电话、电子信箱，务必准确）。

三、来稿一般以8000字以内为宜。编辑部有权酌情删改来稿，如不同意请予说明。

四、文中注释一律采用页下脚注，用阿拉伯数字编序，注明作者、书（或文章）名、出版单位（或期刊名）、出版年份（或第＊期）、页码。（请遵循GB/T 7714–2005《中国人民共和国作者编辑常用标准及规范》，2009年）。

五、来稿请勿一稿多投。本刊处理稿件以3个月为限，逾期如未接到采用通知，请自行处理。稿件概不退还，烦请自留底稿。

六、本刊已被《中国学术期刊网络出版总库》及CNKI系列数据库收录。如作者不同意文章被收录入该数据库，请在来稿时向本刊声明。

七、2015年度《北京民俗论丛》（第四辑）征稿截止日期：2015年10月31日。

通信地址：北京市朝阳区朝外大街141号北京民俗博物馆《北京民俗论丛》编辑部。邮政编码：100020

电话：010–65514147–807

投稿邮箱：bjmslc@126.com

图书在版编目（CIP）数据

北京民俗论丛．第3辑／北京民俗博物馆编．—北京：学苑出版社，2015.5
ISBN 978-7-5077-4763-8

Ⅰ．①北… Ⅱ．①北… Ⅲ．①风俗习惯－北京市－文集 Ⅳ．①K892.41-53

中国版本图书馆CIP数据核字(2015)第076129号

出 版 人：孟　白
责任编辑：洪文雄
装帧设计：徐道会
出版发行：学苑出版社
社　　址：北京市丰台区南方庄2号院1号楼
邮政编码：100079
网　　址：www.book001.com
电子信箱：xueyuanpress@163.com
联系电话：010-67601101（销售部）67603091（总编室）
印 刷 厂：三河市灵山红旗印刷厂
开本尺寸：787×1092　1/16
印　　张：9.5
字　　数：180千字
版　　次：2015年4月北京第1版
印　　次：2015年4月第1次印刷
定　　价：48.00元